Placé sur la route des invasions,
Constantinople à l'abri derrière ses remparts
repousse le Goth, l'Arabe et le Bulgare.

Le christianisme est la religion de tous et forge l'unité de l'Empire autour de l'Empereur, lieutenant de Dieu ; mais des interprétations divergentes déchaînent passions et persécutions.

ηδ᾽ μπερταεπαμ εχομ. ο ς ααρχη τρατοο οω χιλιαρχης ....
μοριωθευ· καιτοεξαρχηδαμοβαζομενος· εἰςτηρωμαϊκηνμετακραπαιαμερ
χεται κατααπολυχωρησιν· και τοωβασιλει αυτου τεωπολει και τοολοιπω προςοικοων
δια τοπο τουτο ο τε ο φορο ο θεοφιλος α γει εἰςπρικωρτιμην· και την τουαδελφη
συνοικίζει

πιφε·θεοφ·   τουτο μετάλ·θεοφί   θεοφί

† Και ο υτε τωνπερ ομρομο τετεῖ· και τοιγαμω συναπτει διατοιε ροσμαϊο ο πολλω
εκτουτουτομερεσμετειτοιεωβαλλοις μεπωικασαξιωμασί· και καεξιφραγιτικ
αναρξεταιπαγματαικορουτικαιμεμορομαιασ· και τοι ο κατ απονα ρχων

Le patriarche, chef spirituel de l'Église,
est aussi le chapelain du palais;
c'est lui qui marie la sœur de l'empereur Théophile
à un haut dignitaire, Théophobos

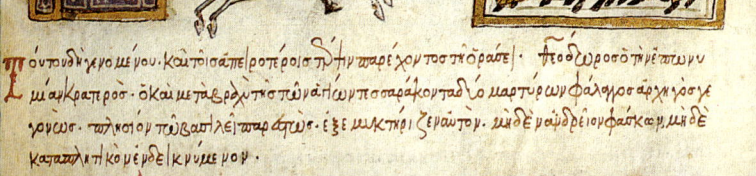

L'Hippodrome joue à Byzance le rôle du cirque à Rome ; mais au-delà des exploits d'un habile cavalier, il met aussi face à face l'Empereur dans sa loge et les citoyens de Constantinople sur les gradins.

Il concentre toute la tradition de la vie politique de l'Empire : acclamation de l'Empereur, humiliation des opposants et triomphe sur l'ennemi vaincu.

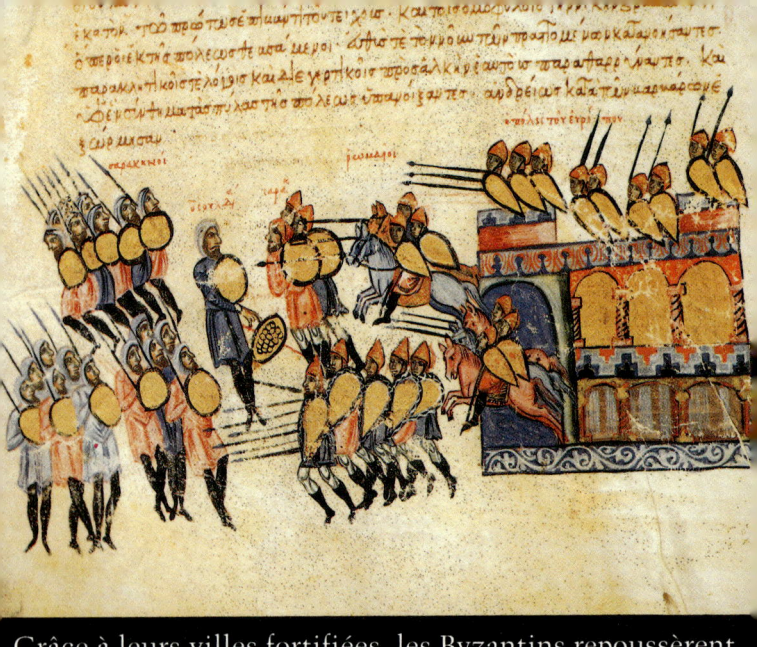

Grâce à leurs villes fortifiées, les Byzantins repoussèrent
bien des assauts; ceux des Arabes notamment
qui ne possédaient pas l'art de la poliorcétique

L'État et l'Église, l'Empereur et le patriarche,
sont les piliers de l'Empire ; les décisions des conciles

La religion revêt aussi un aspect concret avec les images et les reliques, véritables intermédiaires entre le fidèle et son Dieu. Héraclius, par exemple, fit la guerre aux Perses pour leur reprendre la vraie Croix

Le caractère sacré de l'Empereur ne le met pas à l'abri du mécontentement; Nicéphore Phocas essuie ici les jets de pierre de ses sujets dans les rues de la capitale.

Michel Kaplan est professeur d'Histoire et Civilisation Byzantines à l'université de Paris I (Panthéon-Sorbonne). Auteur ou collaborateur de plusieurs manuels, *Le Moyen-Age au Proche-Orient* (Hachette Université) et ouvrages généraux sur Byzance, *Byzance et le monde orthodoxe* (Armand Colin), il s'est intéressé plus particulièrement à la vie rurale (*la terre et les hommes à Byzance,* Publications de la Sorbonne); il se consacre actuellement à l'étude des mentalités et des comportements sociaux.

Pour Benoît, Sophie, Juliette et Marie.

Tous droits de traduction et d'adaptation réservés pour tous pays
© *Gallimard 1991*
Dépôt légal : février 1991
Numéro d'édition : 49163
ISBN : 2-07-053119-8
Imprimerie Kapp-Lahure-Jombart à Evreux

TOUT L'OR DE BYZANCE

Michel Kaplan

DÉCOUVERTES GALLIMARD
HISTOIRE

12

L e mardi 29 mai 1453, les troupes turques de Mehemet II «le Conquérant» entraient dans Constantinople. L'artillerie du sultan ottoman venait de réussir là où les armées les plus puissantes avaient jadis échoué. En tombant sous les coups de l'ennemi pour défendre la Ville, Constantin XII Dragasès tentait de sauver une dernière fois l'Empire romain d'Orient. Une épopée de mille cent vingt-trois ans prenait fin.

CHAPITRE PREMIER
UN EMPIRE DE ONZE SIÈCLES

Grâce à sa victoire sur Licinius, Constantin réunifie l'Empire romain et fonde une nouvelle capitale, à laquelle il donne son nom. Il y entre en triomphateur, avec l'antique couronne de lauriers.

De Rome à Byzance

Le 11 mai 330, Constantin le Grand inaugure une nouvelle capitale : Constantinople s'élève sur les bords du Bosphore, à la croisée de l'Europe et de l'Asie, sur le site de l'antique Byzance. C'est l'ultime étape d'un changement radical de politique de l'Empire romain, qui consiste à chercher en Orient les voies de son salut. C'est là, en Syrie, Palestine et Égypte, que se situent les provinces les plus prospères. C'est là que se développe le christianisme, né en Palestine et qui va fournir à l'Empire un second souffle. En 312, Constantin avait accordé aux chrétiens la liberté de culte; en 325, il avait obligé ces mêmes chrétiens à s'accorder sur le contenu d'une foi, qu'il partage peut-être, lors du concile de Nicée.

Constantin, dernier empereur dont le portrait fut sculpté.

Cette gravure de la fin du XVe siècle montre déjà des minarets; elle donne toutefois une bonne idée de la ville insérée dans sa muraille et dominée dès le VIe siècle par de nombreuses coupoles. A partir du XIIIe siècle, la ville est de moins en moins peuplée; les monuments restent séparés par des terrains vagues.

L'ancienne et la nouvelle Rome entourent le consul Magnus, en habit officiel. L'institution consulaire subsiste jusqu'au VIe siècle, purement honorifique et privée de pouvoir.

L'objectif n'est pas seulement religieux. Il faut d'abord défendre les frontières, surtout celles du Danube et de l'Euphrate menacées par les Goths et les Perses. Par une habile politique de défense, l'Empire parvient soit à contenir et à assimiler les Goths, soit à les envoyer en Occident : dès lors Rome, déjà éloignée du cœur de l'Empire et dont une partie du Sénat s'est installée sur les rives du Bosphore, ne résiste pas aux invasions des Barbares et tombe en 476.

Constantinople se substitue très vite à l'ancienne capitale. Chrétienne dès l'origine, malgré la tentative de restauration du paganisme par Julien (361-363), elle abrite le Concile dès 381; en 451, son patriarche accède au deuxième rang dans la hiérarchie. Comme Rome jadis, Constantinople est la Ville par excellence : la Polis. Au XVe siècle encore, quand les Turcs s'en font indiquer le chemin par les paysans de la région, ceux-ci leur montrent murailles et coupoles en disant, comme depuis mille ans : «vers la ville», «is tin polin» : Istanbul. Ainsi, cet Empire que nous appelons byzantin, c'est l'Empire romain qui continue, mais un Empire d'Orient, grec et chrétien.

Le rêve de Justinien

Au début du VIᵉ siècle, l'Empire a atteint un tel degré d'équilibre et de maturité que Justinien tente, au prix d'une paix ruineuse avec les Perses, de refaire de la Méditerranée un lac romain. Ses généraux Bélisaire et Narsès reconquièrent successivement l'Afrique du Nord, l'Italie et le sud de l'Espagne. Même si le succès, n'est pas complet, puisqu'il y manque la Gaule et les quatre cinquièmes de l'Espagne, Justinien met ainsi en lumière un trait fondamental de l'esprit politique byzantin : l'universalisme.

De cet universalisme témoigne aussi l'œuvre la plus durable de Justinien : la codification du droit. Déjà, au début du Vᵉ siècle, l'Empereur Théodose II avait fait rassembler l'ensemble des lois en vigueur. Mais le Code Théodosien fut vite dépassé : il laissait de côté une partie considérable du droit romain, la jurisprudence; de plus, Théodose II et ses successeurs avaient continué de légiférer après sa publication. Dès 529, Justinien confie à Tribonien la tâche de compiler un nouveau code, mais aussi de rassembler la jurisprudence au sein des *Digestes* et de fournir aux étudiants un manuel, les *Institutes*. L'ensemble est achevé en moins de cinq ans : c'est le *Corpus Juris Civilis*, source obligée de tout le droit ultérieur.

L'œuvre n'est cependant pas sans défaut : classement sommaire, qui n'élimine ni les redites ni les contradictions. Mais le principal défaut est ailleurs : ces recueils sont écrits en latin, qui reste la langue de l'administration, tandis que la masse des citoyens parle grec. Du reste, les lois ultérieures, ou

De nombreuses mosaïques représentent Justinien. Sur celles de Ravenne, il porte son costume officiel, sa couronne; au-dessus de sa tête, l'auréole symbolise la sphère céleste.

La postérité a surtout retenu de Justinien sa codification du droit. Ici, sur une peinture de la Renaissance au Vatican, l'Empereur, revêtu à l'antique, remet le Code à ses conseillers (en tenue Renaissance), au premier rang desquels se trouve Tribonien. En réalité, Justinien s'est borné à donner des instructions, puis à promulguer l'œuvre de ses conseillers.

LE CODE JUSTINIEN 17

Novelles, par lesquelles Justinien complète son dispositif, seront rédigées en grec.

Justinien incarne la diversité, la grandeur mais aussi les contradictions de cet Empire. Originaire de l'Illyricum, latinophone, il règne sur un empire où l'on parle le grec et, en Orient, le syriaque ou le copte. Menacé en Orient, il reconquiert l'Occident et néglige la défense des Balkans. Autoritaire, il manque de céder en 532 devant la sédition Nika et ne doit son salut qu'au sursaut de son épouse Théodora, au nom de ce que «la pourpre est un beau linceul». Porte-parole de l'aristocratie orthodoxe, il fait certes fermer l'Académie d'Athènes pour paganisme impénitent et reconstruire la cathédrale Sainte-Sophie, qui restera la plus grande église de la chrétienté jusqu'à la chute de Constantinople, mais il épouse une montreuse d'ours monophysite. On comprend mieux la fragilité de son œuvre.

L'armée byzantine, dont la puissance repose sur la cavalerie, remporta de grandes victoires; ici, en 813, elle met en fuite les Bulgares du tsar Krum, qui ont assiégé Constantinople après la défaite de Nicéphore Ier le 26 juillet 811. Toutefois, les guerres durèrent encore deux siècles, avant que Byzance n'annexe définitivement la Bulgarie en 1018.

Lombards, Perses, Avars et Arabes déferlent sur l'Empire

Du vivant de Justinien, les premiers contingents slaves ont déjà franchi le Danube où ils ne rencontrent qu'un pays vide et des forteresses à l'abandon. Dès 565, les Lombards se ruent sur l'Italie et ne laissent à l'Empire que la partie la plus méridionale et une zone mal assurée entre Ravenne et Rome. La guerre reprend avec les Perses, qui, dans les

L'EMPIRE MENACÉ

années 610, s'emparent de la Syrie, de la Palestine et de l'Égypte : les reliques de la vraie Croix sont emmenées en captivité. Mais dès 629-630 Héraclius rétablit la frontière de l'Euphrate et la Croix à Jérusalem. Pourtant, en 626 même, il s'en était fallu d'un rien que ne se fît la jonction entre les Avars, qui assiégeaient Constantinople. Certes, ce peuple d'origine turco-tatare, qui utilise les masses slaves comme gros bataillons, se déplace vers l'Occident; mais les Slaves restent dans les Balkans, qui sont submergés jusqu'à la pointe du Péloponnèse.

Le répit est de courte durée. Dès 632 commence la conquête arabe. A la surprise générale, les Arabes détruisent l'armée d'Héraclius près du Jourdain en 636, puis s'emparent de la Syrie, de la Palestine et de l'Égypte. Un demi-siècle plus tard, l'Afrique du Nord tombe en leurs mains. Dans les années 670, ils créent une flotte menaçante, bien que les Byzantins disposent de l'arme absolue sur mer, secret militaire soigneusement gardé, le feu grégeois à base de pétrole. Bref, lorsque, le 25 mars 717, le chef (ou stratège) du principal contingent (thème) d'Asie

Constantin et sa mère Hélène découvrirent la vraie Croix, la relique la plus sainte, le 14 septembre 335.

La monnaie d'or est un signe essentiel de la souveraineté, où l'empereur régnant (ici Héraclius et Constantin III) figure au revers avec ses associés. A l'avers, la Croix, la Vierge ou le Christ. Héraclius frappa aussi de fortes monnaies d'argent.

20 UN EMPIRE DE ONZE SIÈCLES

Mineure, l'Isaurien Léon, s'empare du trône, la situation est désespérée : les Arabes assiègent Constantinople par terre et par mer, la frontière du Taurus étant pour le moins poreuse. Quant aux Balkans, l'Empire n'y contrôle plus qu'une étroite bande sur la côte de la mer Egée.

Grâce à la réorganisation politique commencée au siècle précédent, grâce à la valeur des soldats qui défendent leur terre et leur famille pied à pied, l'Empire réussit à contenir la poussée arabe. Pour parvenir à ce résultat, il a fallu aussi regrouper les énergies autour de l'Empereur, lieutenant de Dieu sur terre, et rétablir son autorité. Dès la fin du VIIIe siècle s'accélère la reconquête des territoires comme la Thrace, la Chalcidique, la Grèce centrale et le Péloponnèse, naguère submergés par les Slaves. Les Arabes ne sont plus à même de franchir le Taurus dès le milieu du IXe siècle, fût-ce pour de simples raids. Au contraire, la reconquête byzantine commence par le Nord, vers les confins arméniens.

L'Empire regagne bientôt ses territoires

Avec la dynastie macédonienne (867-1057) se déroule la période la plus glorieuse pour les armées byzantines. La reconquête des territoires qui

Pendant des siècles, la marine byzantine remporta les batailles navales grâce au feu grégeois, liquide à base de pétrole qui permettait d'incendier la flotte adverse. Les navires byzantins (*dromons*), très mobiles grâce à leurs rames et à leurs voiles et servis par des marins bien entraînés, étaient équipés à l'avant d'un tube permettant de répandre le liquide avant de l'enflammer.

Léon III l'Isaurien est le premier empereur byzantin à remporter des victoires sur les Arabes, qu'il força à lever le siège de Constantinople en 717.

LA DYNASTIE MACÉDONIENNE   21

Les Byzantins appelaient «ville de Dieu» Antioche sur l'Oronte, en Syrie du Nord. Ils la perdirent en 636 face aux Arabes et ne la reprirent qu'en 969, pour moins d'un siècle. Les croisés la reconquirent (ci-contre), et Bohémond de Tarente, en 1098, en fit une principauté franque. Elle ne revint plus jamais à l'Empire.

composaient l'Empire romain est essentielle pour un empire qui se veut universel. Dès que possible, les armées byzantines passent le Taurus. Quatre cités chargées d'histoire symbolisent cette politique : Mélitène, Antioche, Edesse et Jérusalem. La première, située sur la rive droite du Haut-Euphrate, est prise et reprise sans relâche depuis 752 jusqu'à sa réintégration «définitive» dans l'Empire, en 931. Les Byzantins appelaient Antioche, siège de l'un des patriarcats, «la ville de Dieu» : l'Empire chrétien ne peut s'en passer et, le 29 octobre 969, les armées de Nicéphore Phocas y pénètrent enfin. En revanche, celles de Jean Tzimiskès, en 975, doivent s'arrêter à cent cinquante kilomètres de Jérusalem, la ville sainte. Enfin, en 1032, l'Empire recouvre Edesse, fameuse pour ses icônes, située dans la boucle de

Nicéphore Phocas reprit Antioche. Son successeur Jean Tzimiskès poussa plus loin en Palestine, sans toutefois apercevoir les murailles de Jérusalem, berceau du christianisme.

22 UN EMPIRE DE ONZE SIÈCLES

- Venise
- Ravenne

Danube
Drave
Save
Sirmium

DALMATIE

BULGARIE
Sofia
BALKAN

- Rome

ILLYRICUM
Clidion
THRACE
Constantinople

- Naples
- Amalfi
- Bari
- Dyrrachion
- Thessalonique

Mer de Marmara

CHALCIDIQUE

MER ÉGÉE

Smyrne
Éphèse

Athènes
Patras
PÉLOPONNÈSE
Sparte

Sicile

Crète

MER MÉDITÉRRANÉE

LE RAYONNEMENT DE BYZANCE

- Dniepr
- Cherson
- PONT-EUXIN
- PAPHLAGONIE
- Trébizonde
- Ani
- Théodosioupolis
- Mantzikert
- Euphrate
- Mélitène
- Tigre
- Césarée
- CILICIE
- Iconium
- Édesse
- TAURUS
- Antioche
- Euphrate
- Bagdad
- SYRIE
- Chypre
- Damas
- Jérusalem
- PALESTINE
- Alexandrie
- Le Caire
- ÉGYPTE
- Nil

0   500 km

l'Euphrate. Byzance pousse plus loin encore, vers le Caucase : peu à peu grignotée, l'Arménie est annexée à l'Empire avec la prise d'Ani en 1045.

Maître de la Méditerranée orientale depuis que Nicéphore Phocas a reconquis la Crète en 961, l'Empire l'emporte également en Occident. En Italie méridionale, il regagne petit à petit ses positions sur les principautés lombardes et contient aisément les prétentions de l'Empire germanique. Surtout, il parvient à reconquérir l'ensemble des Balkans.

Depuis le VIIe siècle, les Bulgares, peuple d'origine turque, mais assimilé aux populations slaves des Balkans, étaient d'excellents guerriers. Capables d'assiéger Constantinople, ils menaçaient la vie même de l'Empire. Les chroniqueurs byzantins, marqués par cette inquiétude, décrivirent les nombreuses batailles, heureuses ou malheureuses, comme celle-ci où les cavaliers jouèrent un rôle décisif.

Basile II «le tueur de Bulgares»

La lutte contre les Bulgares dure plus de deux siècles. En 813, le tsar des Bulgares, Krum, dont les armées ont écrasé celles de l'empereur Nicéphore, qui trouva la mort lors de la bataille, campe vainement sous les murs de la capitale. La conversion de Boris au christianisme et l'implantation en Bulgarie d'un clergé grec ne représentent qu'une accalmie passagère. Au contraire, le tsar Syméon (893-927), élevé à la cour de Constantinople et imprégné de l'idéologie impériale, rêve du trône byzantin. Lui aussi, néanmoins, échoue dans sa tentative de s'emparer de la capitale. A la fin du Xe siècle, l'un de ses successeurs, Samuel, reprend son combat : la puissance byzantine est alors à son apogée. Affermi en Orient, Basile II, en seize ans d'une lutte sanglante

La victoire finale de Basile II lui valut le surnom de bulgaroctone : «le tueur de Bulgares». A ses pieds, les ennemis vaincus.

(1002-1018), va liquider l'Empire bulgare, l'annexer et récupérer la frontière du Danube : en juillet 1014, dans les défilés du Clidion, l'armée bulgare est écrasée et 15 000 hommes sont faits prisonniers. Basile II les fait tous aveugler, sauf un sur cent, éborgné pour ramener ses compagnons d'infortune à Samuel. Ce dernier meurt foudroyé par ce spectacle, le 6 octobre 1014. A sa mort, Basile II laisse un trésor constitué de dizaines de milliers de pièces d'or. Cette unité monétaire, le *nomisma*, stable depuis Constantin, sert d'étalon monétaire de la Baltique à la mer Rouge. Constantinople est le plus grand marché du monde : les marchands de tous peuples et de toutes religions s'y rendent pour commercer dans la paix sans payer plus de taxes que les hommes du pays. L'empire d'Occident, le califat de Bagdad, celui du Caire, sont tenus en respect : au milieu du XIe siècle, l'Empire est la première puissance du monde.

Le tournant des croisades

Pourtant, ce qui a fait son succès s'effrite déjà. Les hommes d'affaires ont commencé de le céder aux Italiens, Vénitiens et Amalfitains. La petite propriété paysanne, base de la perception des impôts et du recrutement de l'armée, décline depuis deux siècles. Dès 1012, l'avant-garde d'un Occident en plein essor

Venise, ancienne cité byzantine d'Italie, doit son indépendance à son expansion commerciale en Méditerranée orientale, fondée sur un circuit triangulaire, entre Venise, Constantinople et Le Caire. Partout, les Vénitiens nouèrent des contacts politiques ; ici une ambassade vénitienne se présente au Caire. A partir du Xe siècle, avec l'installation des califes fatimides, cette ville rivalise avec Bagdad pour sa richesse et surtout son commerce.

économique s'installe en Italie byzantine, avec les Normands. En 1071, Bari, dernière place forte byzantine en Italie, tombe entre leurs mains. Mais l'Empire héritier de Rome peut-il se passer d'avoir un pied en Italie ? Et voilà que, à partir de 1095, dans un gigantesque mouvement en principe orienté vers Jérusalem, l'Occident envoie ses surplus humains : les croisés.

A première vue, ce renfort de soldats chrétiens n'est pas superflu pour faire face au danger turc, menaçant depuis le second quart du XIe siècle. Les Turcs, qui se sont emparés de Bagdad en 1055, multiplient les raids en Asie Mineure, face à un pouvoir byzantin atteint de décomposition. Le 19 août 1071, dans les confins arméniens de Mantzikert, se déroule la bataille décisive : une partie de l'aristocratie byzantine trahit, l'armée impériale est écrasée et les Turcs s'emparent de l'Asie Mineure. Dans son effort de reconquête, Alexis Comnène (1081-1118) a besoin de soldats. Les croisés semblent lui en fournir, mais ils se mettent vite à leur compte : ainsi,

Venise se développa sur sa lagune, dominée par la basilique Saint-Marc, imitée des Saints-Apôtres de Constantinople. Le lieu le plus important était le port. Dès le XIe siècle, la flotte vénitienne était si puissante que l'empereur Alexis Comnène (ci-contre) dut l'appeler à l'aide contre les Normands. Il leur concéda des privilèges commerciaux qui les avantageaient par rapport aux autres marchands italiens, grecs, russes ou arabes.

après avoir repris Antioche en 1098, refusent-ils de rendre la «ville de Dieu» à l'empereur. Toutefois, les croisés servent de bouclier face aux Turcs et permettent à l'empereur de reconquérir la plus grande partie de l'Asie Mineure.

Les derniers survivants de l'Empire romain

L'Empire des Comnènes (1081-1185) brille d'un éclat incomparable. Les croisés, souverains ou simples chevaliers, ont été éblouis par une cité débordant d'ors et de richesses, mais aussi de vie. Et l'Occident se précipite vers cet Eldorado. Venise d'abord, qui monnaye l'aide de sa flotte contre les Normands en 1082 : le chrysobulle accordé, dispensant les marchands vénitiens de taxes commerciales, leur donne un avantage décisif sur les Byzantins eux-mêmes. Ils seront suivis par d'autres Italiens, comme les Pisans. Mais la prospérité profite alors à d'autres et l'Empire ne recouvre pas sa puissance. Au contraire, en 1176, les armées byzantines connaissent une nouvelle déroute devant les Turcs, et l'effort de reconquête d'un siècle est anéanti en un jour.

L'Empire ne peut plus alors tenir en respect même ses alliés. Les colonies latines, qui se sont multipliées à Constantinople, suscitent chez les Byzantins des réactions de xénophobie.

Le chrysobulle est l'acte le plus solennel de la chancellerie byzantine. Souvent de grandes dimensions, il porte, de la main de l'Empereur et en rouge, signature et datation. Il est scellé d'une bulle d'or à l'effigie impériale.

La prise de Constantinople par les croisés a autant frappé les Occidentaux que les Byzantins. Pour ceux-ci, elle constitue un crime, pour ceux-là un exploit de légende, qui donna naissance d'abord à des récits, puis à une abondante iconographie.

28 UN EMPIRE DE ONZE SIÈCLES

En 1171, les Vénitiens sont ainsi chassés de la ville. Ils échappent au massacre des marchands occidentaux de mai 1182, mais vont bientôt profiter de l'instabilité du pouvoir impérial qui suit la chute des Comnènes. Ils n'hésitent pas à utiliser la masse de manœuvre des chevaliers mobilisés pour la quatrième croisade. Le 13 avril 1204, ceux-ci pénètrent dans la plus peuplée des villes chrétiennes et se livrent au pillage et au massacre. Croisés et Vénitiens se partagent l'Empire, tandis que la légitimité byzantine se replie sur Nicée.

L'héritier de Rome refuse encore de mourir : le 15 août 1261, Michel VIII Paléologue rétablit l'Empire en sa capitale. Mais la splendeur retrouvée n'est plus que faux semblants. La pression turque, interrompue depuis le début du siècle, reprend. En quatre-vingts ans, les Turcs s'emparent de la totalité de l'Asie Mineure jusqu'à la côte égéenne. Galvanisés par une nouvelle dynastie, celle des Ottomans, ils passent les Dardanelles en 1348. Tandis que les débris de l'Empire sombrent dans la guerre civile qui s'étend de Jean V Paléologue à Jean VI Cantacuzène, les Ottomans s'emparent des Balkans en moins de cinquante ans. L'Empire-peau de chagrin, réduit à la Thrace et à la Morée, avec un appendice à Trébizonde, n'est plus qu'une minuscule principauté en sursis. Mais, fièrement, les derniers survivants de l'Empire romain, qui continuent de revendiquer l'universalité, refusent les conditions d'un hypothétique secours occidental. Et c'est ainsi que, à l'image de son dernier empereur, l'Empire meurt debout, en combattant, sans rien renier de ses convictions.

Dès 1204, les forces byzantines, regroupées à Nicée, entamèrent la reconquête. Michel VIII Paléologue parvint à reprendre Constantinople grâce à l'aide des Génois (traité de Nymphée). La frappe de la monnaie d'or manifeste la souveraineté retrouvée.

Jean VI Cantacuzène, au terme de sa lutte contre les Paléologues, se retira au monastère et redevint écrivain.

30

Comme à Rome jadis, c'est l'armée qui fait l'empereur (le *basileus*) en l'élevant sur le pavois ; puis le Sénat et le peuple ratifient cette « élection » : toutes les cérémonies se déroulent à Constantinople dans l'Hippodrome. L'Église ne joue aucun rôle dans la désignation du « lieutenant de Dieu sur terre ».

CHAPITRE II
L'EMPEREUR : CONCEPTION ET MOYENS DU POUVOIR

La couronne, qui rappelle l'élévation sur le pavois de David, et le globe crucifère sont les attributs essentiels de l'empereur (ci-contre Justinien II lors de son premier règne).

Un pouvoir de nature théologique

L'étape décisive de l'investiture se déroule toutefois à Sainte-Sophie, où le patriarche couronne le nouveau souverain : celui-ci se présente ainsi comme le «pieux élu de Dieu», le lieutenant de Dieu sur terre. Il occupe dans la cité terrestre la place de Dieu dans la cité céleste, et la cité terrestre n'est que l'image du royaume de Dieu. Voilà qui clarifie la nature des relations entre l'Église et l'État, la question du «césaropapisme» des empereurs byzantins. Il est dans la nature du pouvoir impérial d'intervenir dans la vie de l'Église. L'Empire byzantin ignore ainsi la lutte entre le pape, chef de l'Église, et l'empereur, que connaîtra l'Occident aux XIe-XIIe siècles au nom de la «liberté de l'Église», voire de la supériorité du pouvoir spirituel sur le pouvoir politique.

Dieu est évidemment libre de choisir qui il veut : il n'hésite pas à faire assassiner un empereur de qualité, de surcroît très pieux, comme Maurice (582-602), par une brute sanguinaire comme Phocas (602-610). Il sanctionne aussi les manquements de son élu en le détrônant : l'autocratie impériale est ainsi tempérée par l'usurpation. Par la suite, le principe dynastique, qui triomphe avec Léon VI (886-912) et surtout

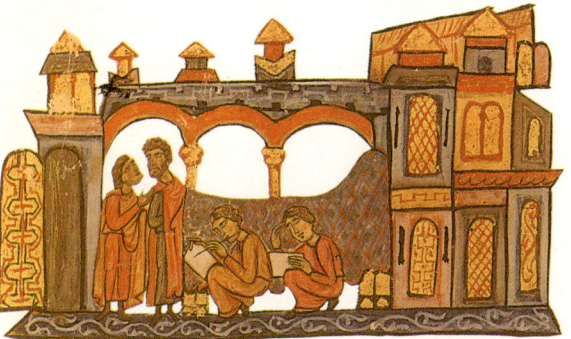

L'empereur n'est qu'un homme, qui s'agenouille, comme ici Léon VI devant le Christ sur une mosaïque de Sainte-Sophie, pour recevoir l'investiture de la Sagesse divine.

De nombreuses usurpations proviennent d'insurrections militaires, d'autres sont la conséquence de complots tramés dans l'espace clos du palais impérial; elles sont alors l'œuvre de hauts dignitaires ou membres de la famille impériale jaloux de l'autorité. Les empereurs furent parfois assassinés, plus souvent aveuglés ou relégués dans un monastère.

son fils, Constantin Porphyrogénète (913-959), crée une certaine continuité.

La conception théologique de l'Empire s'exprime aussi dans la vie de la Cour

La Cour est un somptueux mystère, dans lequel l'empereur s'efforce de jouer le rôle du Christ, accueillant douze convives à sa table (lors des grandes fêtes, dans la salle à manger d'or du Palais – *Chrysotriclinos* –), lavant à certaines occasions les pieds de pauvres soigneusement choisis. La réception des hôtes «étrangers» illustre parfaitement cette conception d'un pouvoir impérial chrétien qui se veut universel. Après une longue attente et la traversée de couloirs interminables, l'ambassadeur forcé par les gardes se présente devant l'empereur. Comme les sujets, il doit, en signe de vénération de la personne impériale, s'allonger de tout son long devant elle : c'est la proskynèse. Après quoi, il peut se relever. Le spectacle qui s'offre alors à lui est saisissant : le trône de l'empereur s'élève sous l'effet d'une machinerie, tandis que des automates font s'agiter des lions, des

Dans le Chrysotriclinos, sont reçus les hauts dignitaires ; ceux-ci, dans leurs habits d'apparat offerts par l'Empereur, s'agenouillent devant lui en gravissant l'escalier qui sépare la salle du trône.

Pour recevoir ses hôtes, l'empereur porte ses habits de cérémonie.

34 L'EMPEREUR : CONCEPTION ET MOYENS DU POUVOIR

griffons et oiseaux d'or; l'empereur est revêtu de ses habits de pourpre et de blanc, qu'un ange aurait autrefois apportés à Constantin; ses chaussures sont de pourpre, décorées d'aigles d'or. Sans doute le visiteur en perd-il la parole mais, de toute façon, il n'a pas le droit de parler à l'empereur, qui ne s'adresse à lui que par un intermédiaire.

Le cérémonial de la Cour permet aux plus hauts dignitaires une certaine «familiarité» avec l'empereur, notamment lors des repas que celui-ci leur offre dans la salle à manger d'or : selon le rang de chacun dans la hiérarchie, on est placé plus ou moins près du souverain. Les Byzantins révèrent cet ordre

L'impératrice peut également jouer un rôle politique. Ici, Eudoxia, femme d'Arcadius, signifie son exil au patriarche de Constantinople, Saint Jean Chrysostome; le grand théologien a déplu à la souveraine (404).

strict (*taxis*) qui régit la vie du palais, et de hauts fonctionnaires décrivent ces règles dans des traités appelés *taktika*.

Les dignités sont donc un honneur, et un honneur gradué. Mais ce n'est pas tout. Chaque dignitaire reçoit une gratification annuelle. Lors d'une cérémonie grandiose, l'empereur remet lui-même ces cadeaux aux plus importants d'entre eux : une bourse, remplie d'un nombre de *nomismata* qui décroît selon le rang, et des objets, notamment les fameux vêtements de pourpre. Certains se font accompagner de plusieurs serviteurs pour emporter les sacs pleins d'or et les pièces d'étoffe trop lourdes, manifestation de la munificence impériale. Un simple fonctionnaire

A l'imitation du Christ (ici, les noces de Canaa), l'Empereur invite à sa table les plus hauts dignitaires dans le Chrysotriclinos; lors des grandes fêtes, les convives sont au nombre symbolique de douze. C'est pourquoi les aristocrates achètent fort cher le droit d'accéder à cette salle à manger tapissée de mosaïques d'or.

86 L'EMPEREUR : CONCEPTION ET MOYENS DU POUVOIR

Cette mosaïque du chœur de Saint-Vital de Ravenne montre l'empereur Justinien, vêtu de blanc, de pourpre et d'or, entouré des plus hauts dignitaires de sa cour. Il apporte ses offrandes à l'Église, reconnaissant par là l'investiture divine. L'évêque Maximin porte la Croix. A la droite de l'Empereur, c'est sans doute Bélisaire, son principal général; l'homme qui tient un coffret richement orné doit être le Préposé à la Chambre Sacrée. Tous regardent vers l'autel.

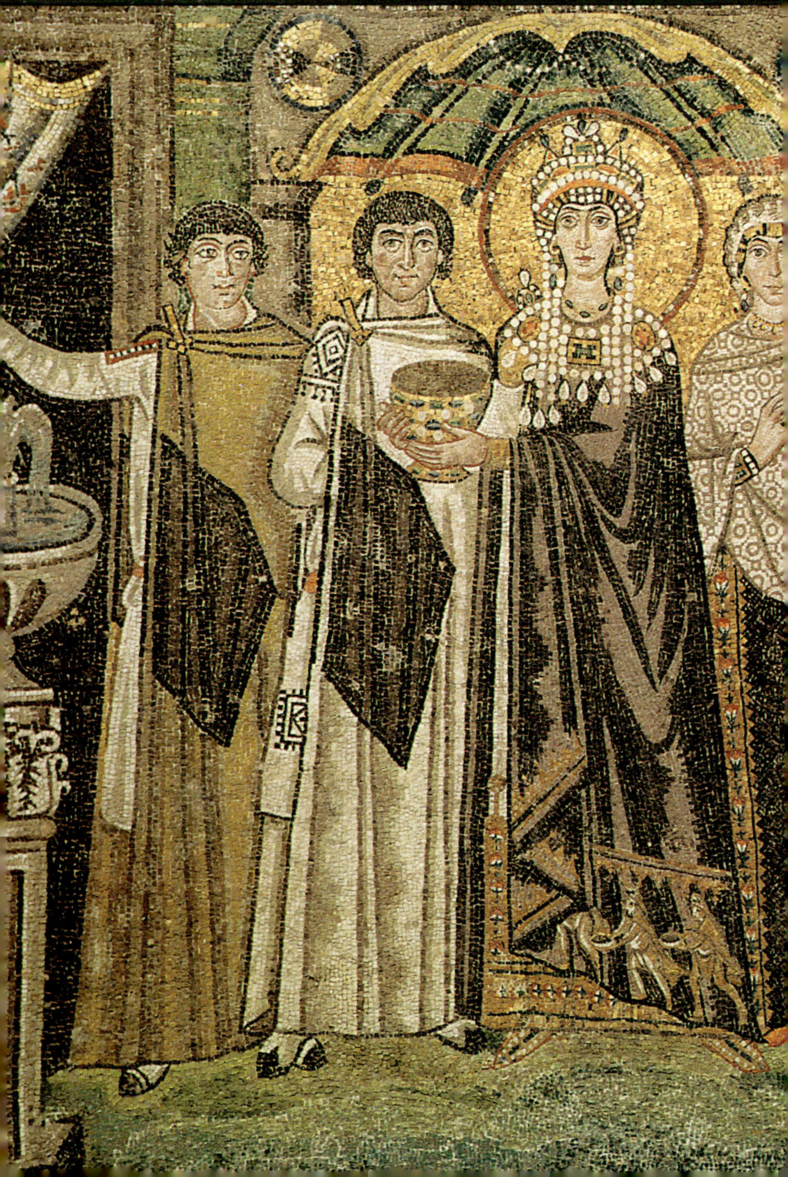

L'IMPERATRICE THEODORA 39

Cette autre mosaïque de Saint-Vital et la précédente sont symétriques. Théodora se tient devant un baldaquin. Sur son manteau de poupre, la broderie représente l'offrande des mages qu'elle renouvelle. A sa gauche, les femmes de sa suite, dont les domaines de l'Impératrice assuraient l'entretien; parmi elles, sans doute, Antonina, la femme de Bélisaire, sa favorite.
A sa droite, deux fonctionnaires masculins, mais sans barbe, les eunuques, chargés du service de l'Impératrice.

40 L'EMPEREUR : CONCEPTION ET MOYENS DU POUVOIR

remet leur gratification aux dignitaires moins importants, ceux qui reçoivent moins d'une livre d'or, mais cela dure une semaine !

L'État byzantin repose sur une double hiérarchie de dignités et de fonctions

Les dignités correspondent à des offices ou commandements effectifs, civils ou militaires. Nommés sur ordre de l'empereur, leurs titulaires sont révocables à tout moment. Les dignités, en revanche, et les insignes qui les accompagnent sont, en principe, donnés à vie. Elles portent le nom d'anciennes magistratures disparues (César, magistros, patrice, consul, prôtospathaire ou «premier porte-épée»). Les plus élevées, à partir de cette dernière, ouvrent l'accès au Sénat, qui a perdu son rôle d'assemblée délibérante depuis le VIIe siècle pour devenir un ordre social, dont font partie le sénateur, son épouse, même veuve, et ses enfants. Les dignités ne sont toutefois pas héréditaires et le fils d'un sénateur doit en recevoir une pour devenir sénateur à son tour. Les deux hiérarchies des dignités et des fonctions sont dans une large mesure parallèles : au fur et à mesure que l'on obtient une fonction plus

Le souverain nouvellement intronisé - ici Théophile, qui, en 829, succède à Michel II - s'entoure des «piliers» de l'Empire : les fonctionnaires et quelques ecclésiastiques, en tenue d'apparat et avec leur coiffure caractéristique, se pressent autour du trône, tout juste contenus par deux gardes du corps armés d'une lance, inquiets d'accomplir leur tâche. On est loin des cérémonies codifiées : ici, le dialogue est direct, l'Empereur gouverne effectivement.

importante, l'on reçoit une dignité plus élevée.

La fonction donne un pouvoir, mais c'est la dignité qui confère le statut social. Pour qualifier une personne, l'on indique d'abord sa dignité, avant même son nom, la fonction étant facultative et donc secondaire. A partir du IXe siècle, les dignités de rang inférieur s'achètent : l'empereur Constantin VII lui-même nous en a transmis les tarifs dans une annexe de son *Livre des Cérémonies*.

L'empereur reçoit ici son frère et des parents. La famille joua un rôle croissant dans l'Empire. D'abord, le système de succession, pas vraiment héréditaire, poussa l'empereur à introniser plusieurs fils; à sa mort, l'un d'eux gouvernait, tandis que les autres continuaient de régner; ils avaient donc des droits.

Une administration d'une qualité exceptionnelle

Byzance hérite de l'Empire romain la tradition d'une administration de qualité, qu'elle sait transformer au gré des circonstances.

Au tournant du VIe et du VIIe siècle, disparaissent les services administratifs hérités de Rome, notamment la Préfecture du Prétoire, devenue un véritable gouvernement. L'administration centrale se divise désormais en bureaux au nom évocateur de *sékréta* : le *génikon* pour les finances d'État, le *drôme* pour la poste et les affaires étrangères, le *stratiôtikon* pour la gestion de l'armée... A la tête de chaque *sékréton*, se trouve un logothète (littéralement «donneur d'ordres») qui a sous sa direction toute une équipe de chartulaires, notaires, curateurs. La chancellerie impériale emploie des *asékrétis* (membres des *sékréta*), avec, à leur tête, le véritable chef de cette administration, le *prôtoasékrétis*, fonction prestigieuse, étape décisive de carrières prestigieuses comme celles de Phôtius, Michel Cérulaire... L'organisation des services varie beaucoup au cours des temps : de nouveaux se créent, d'autres disparaissent, mais la tendance générale est à un personnel nombreux et bien formé.

A partir d'Alexis Comnène, l'Empereur distribue les plus hautes dignités et les charges majeures de l'administration (les bureaux ou *sékréta*) à des membres de sa famille.

La rémunération des fonctionnaires est assurée par la rentrée des impôts, qui proviennent de deux sources : la circulation des marchandises, frappées d'une taxe de dix pour cent ou *kommerkion*, et surtout l'impôt foncier, payé par les exploitants agricoles et proportionnel à la valeur de la terre. L'Empire dispose, à Constantinople, d'un cadastre général recensant toutes les terres exploitées et dont les circonscriptions provinciales ont une copie. Les inspecteurs sillonnent les campagnes, vérifient l'impôt des contribuables et enregistrent les modifications avant de les transmettre à Constantinople où elles seront reportées sur le cadastre général. Quant au percepteur, il dispose d'une liste nominative des contribuables indiquant le montant dû. Ce système, apparemment simple, est rendu compliqué par la multiplication des surtaxes et dégrèvements.

Fondée sur la séparation entre pouvoirs civils et pouvoirs militaires, l'administration provinciale doit faire face aux nécessités de la défense face aux Arabes.

Qu'elle défende sa capitale (en haut) ou pourchasse l'ennemi (ci-dessous), l'armée byzantine possède des corps de bataille spécialisés, bien équipés et bien entraînés : depuis les gardes des villes, jusqu'à la cavalerie cuirassée, armée de lances (*cataphractaires*). Mais elle compte aussi sur sa cavalerie légère et ses fantassins, au besoin armés d'arcs et de lances.

L'ARMÉE ET LA FLOTTE

A partir du VIIe siècle, le gouvernement des provinces est confié à un stratège, qui cumule les deux pouvoirs, le nom même de la province (le thème) étant celui du contingent militaire. Au VIIIe siècle, ces circonscriptions sont divisées, mais au Xe siècle, quand la pression militaire se fait moins forte, l'administration civile du thème passe sous la tutelle du *kritès* (juge). Les principaux fonctionnaires des provinces continuent toutefois d'être nommés, révoqués et rémunérés par Constantinople.

L'armée byzantine : des mercenaires aux soldats-paysans

A l'époque de Justinien, l'armée comportait avant tout des contingents de mercenaires. Ceux-ci, regroupés en corps d'armée centralisés, ont été battus lors des

La tactique navale byzantine comporte deux temps : on tente d'abord de détruire la flotte adverse avec le feu grégeois. La manœuvre délicate repose sur l'habileté des rameurs. Puis, c'est l'abordage. Les bateaux de guerre (*dromons*) embarquent à cet effet des soldats lourdement armés. Les arsenaux de Constantinople, situés au nord du grand palais, fabriquent l'essentiel de la flotte byzantine.

batailles rangées contre les Arabes au VIIe siècle. Ils ne purent s'adapter à la guerre de razzia imposée par les Arabes. D'où l'apparition de contingents (thèmes) formés de paysans soumis à l'obligation militaire en échange d'avantages fiscaux : recrutés sur place, mobilisables à tout moment par le stratège, ces soldats-paysans (stratiotes), qui forment la cavalerie légère, peuvent intervenir rapidement. Une armée efficace donc, – les hommes se battent pour défendre leur famille et leur terre – et peu coûteuse : ils s'arment et s'entretiennent eux-mêmes. Une partie de la flotte est organisée sur le même principe : plusieurs circonscriptions (Cibyrréotes, Samos, Mer Egée) fournissent des navires au lieu de soldats.

L'armée (*tagmata*) et la flotte (*ploïmon*) centrales sont surtout conçues pour servir de couverture et

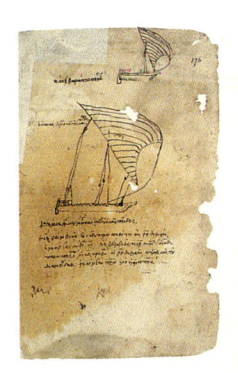

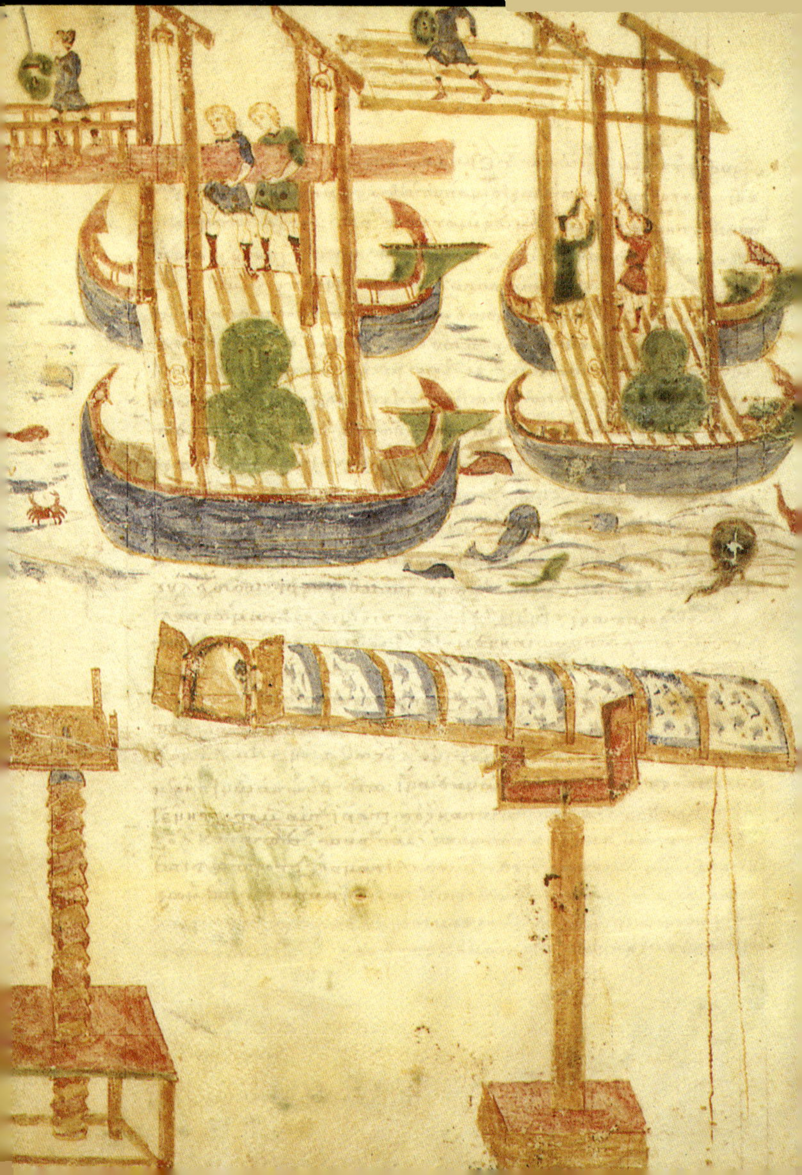

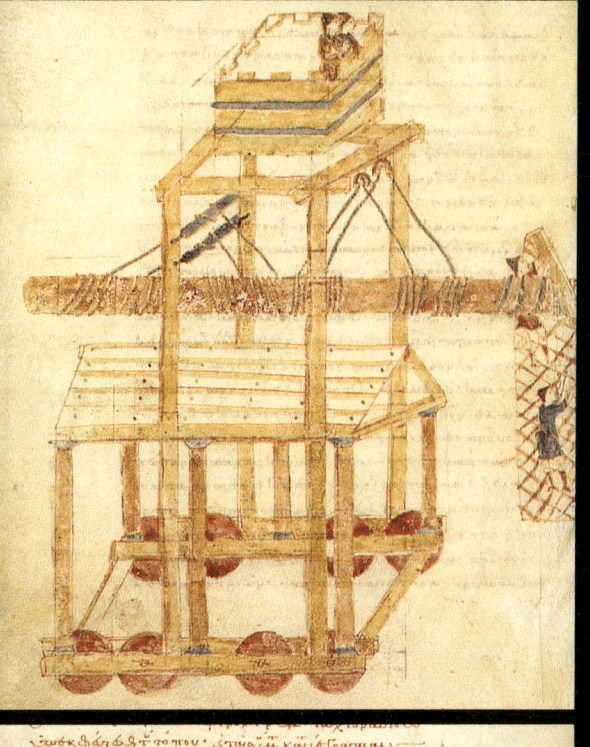

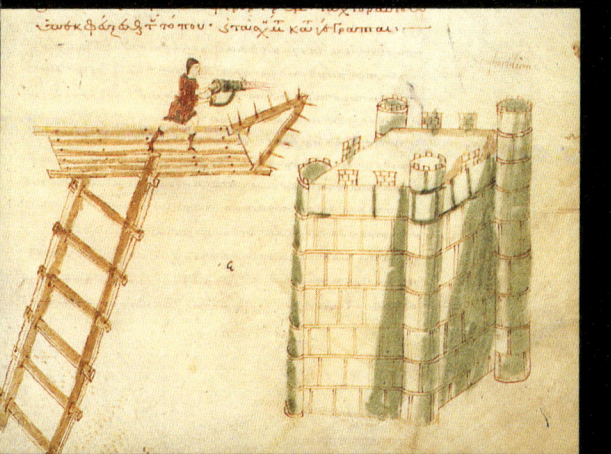

La logistique militaire byzantine repose sur une haute technicité. Les arsenaux de Constantinople construisent des navires de guerre à rames, rapides et maniables. Ceux-ci servent de base à l'élaboration d'un pont provisoire (à gauche). La poliorcétique fait appel à des machines de guerre mobiles, comme ce bélier suspendu, dont le balancement enfoncera la porte de la ville adverse. Les Byzantins construisent des échafaudages ou de grandes échelles qui leur permettent de s'élever au-dessus des murailles pour lancer leurs traits mener les contre-attaques. Lorsque, à partir du Xe siècle, l'Empire reprend l'offensive, les soldats des thèmes acceptent mal d'être envoyés en campagne au loin. Le service devenant trop coûteux pour la paysannerie en crise, l'Empereur choisit alors, à compter du XIe siècle, de convertir le service militaire (*stratéia*) en impôt pour rémunérer des mercenaires, d'abord byzantins, puis étrangers. L'armée défaite par les Turcs à Mantzikert en 1071 comptait ainsi un fort contingent de mercenaires turcs. Les Varègues, les Francs, les Normands constituent bientôt l'essentiel de l'armée tandis que Byzance confie à Venise, contre des avantages commerciaux exorbitants, sa défense maritime.

L'Empire, qui a dû son salut aux soldats-paysans des thèmes, remporte ses plus grandes victoires, entre 920 et 1050, grâce à ses mercenaires. Mais cette nouvelle armée se révélera incapable d'endiguer le flot des envahisseurs turcs ou normands.

A partir du milieu du XIe siècle, la flotte vénitienne l'emporte sur la flotte byzantine. Alexis Ier Comnène achète au prix fort cette aide précieuse contre les Normands. Désormais, les Vénitiens ont le champ libre sur les mers byzantines.

La prise de Constantinople par les croisés en 1204 renforce encore leur position. Aux XIVe et XVe siècles, ils construisent des navires de gros tonnage (galées) à côté des navires rapides à rames.

Comme le royaume de Dieu, la cité terrestre que gouverne l'empereur a une vocation d'universalité

Elle se doit de dominer toute la terre habitée, ce que les Byzantins appellent l'*oikoumène*. Pour les Byzantins, il n'y a pas à proprement parler d'étrangers, du moins en théorie : devant la puissance du califat arabe, l'Empire a dû toutefois faire quelque entorse à cette règle. L'empereur ne signe pas de traités : tous les accords avec d'autres puissances prennent la forme de concessions gracieuses et unilatérales, même si elles sont défavorables à l'Empire. L'Empire byzantin classe tous les pays – même les pays indépendants, fussent-ils plus puissants que lui – dans un ordre hiérarchique, où le premier rang revient à l'empereur romain de Constantinople, père de tous les peuples chrétiens et chef de la famille des princes.

Comme on le voit dans la correspondance, ceux-ci sont qualifiés d'amis ou de fils, comme ceux de Bulgarie et d'Arménie tandis que les empereurs occidentaux sont appelés frères. La place de chaque État dans la hiérarchie peut être modifiée si besoin est : un prince dont le prestige s'accroît se rapproche de l'empereur dans la parenté.

Cette pratique vient directement de la conception théologique du pouvoir. Elle éclaire la nature des relations avec les empereurs d'Occident, le pape et les nations slaves récemment converties. Le couronnement

Les Byzantins usèrent de la diplomatie, confiée au logothète du drôme. On voit ici un ambassadeur auprès d'un potentat arabe. Au XVe siècle, dans un ultime appel à l'Occident contre les Turcs, l'empereur Jean VIII Paléologue lui-même se rendit au Concile de Florence (1448). Accueilli avec les honneurs, choyé par le pape, il accepta l'autorité romaine. A son retour, le peuple de Constantinople le désavoua.

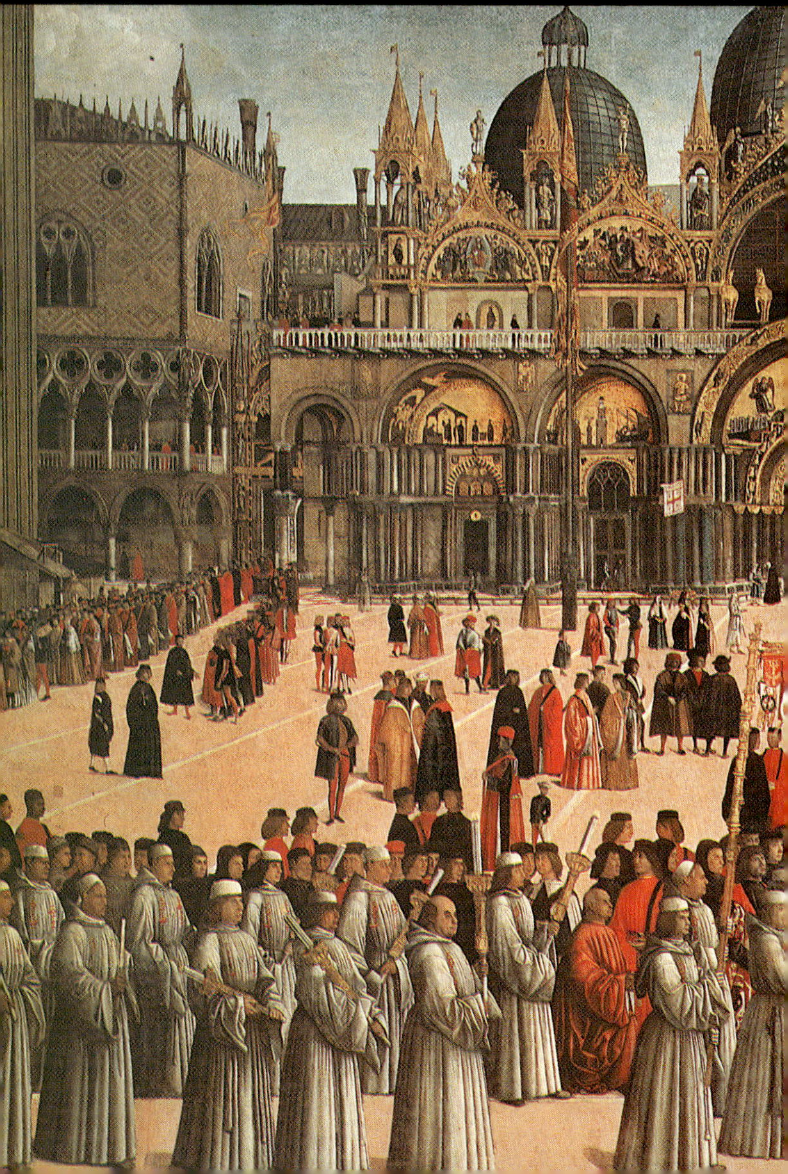

SAINT-MARC DE VENISE 49

Ville byzantine à l'origine, Venise maintint la tradition de Ravenne et reconnût la souveraineté de l'empereur jusqu'au XIe siècle, date à laquelle elle devint indépendante. Par la suite, de nombreux marchands vénitiens vinrent vivre à Constantinople qui constituait pour eux un comptoir commercial essentiel. La cathédrale Saint-Marc est le meilleur exemple de l'influence qu'exerça l'art byzantin : les murs sont couverts de mosaïques comme les églises de Constantinople, mais surtout le plan lui-même est emprunté aux Saints-Apôtres, l'église qui servit de sépulture aux empereurs byzantins.

de Charlemagne en 800 suscite l'incompréhension et
l'hostilité de Constantinople, en même temps qu'il
révèle ses capacités d'adaptation puisque, dès 812,
Byzance admet le titre impérial des Carolingiens, puis
des Ottoniens, tout en le restreignant : l'Occidental
est empereur tout court, seul le Byzantin est
«empereur des Romains». Jamais, même à la veille de
mourir, quand son éventuelle survie face aux Turcs
dépend du soutien des Occidentaux, Byzance n'a
admis que l'Empire pût se diviser : Dieu est unique et
n'a qu'un lieutenant.

Le couronnement impérial de Charlemagne par le pape Léon III fut ressenti comme une provocation à Byzance, car il entamait l'universalité de l'Empire.

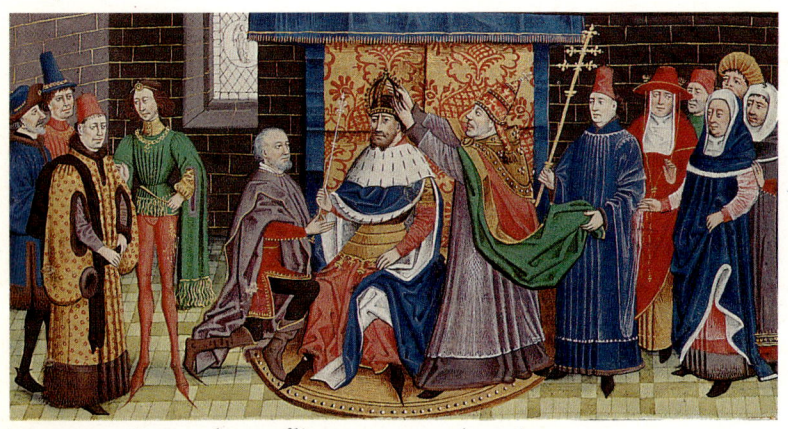

Byzance et Rome : des conflits permanents jusqu'au schisme

Vis-à-vis du pape, la question est plus délicate.
L'empereur admet que l'évêque de Rome, résidant
dans l'ancienne Rome, dispose d'une primauté d'honneur, due à son ancienneté. Il n'hésite pas à faire appel à l'arbitrage du pontife romain lorsqu'il n'obtient pas du patriarche de Constantinople les jugements qu'il désire. Mais il a conscience que ce dernier constitue une pièce essentielle de son

Charlemagne et Constantin prient devant des reliques portées par des évêques. Par des allégories de ce genre, l'empire d'Occident cherchait lui aussi à se rattacher à la tradition romaine.

LE PAPE ET LE PATRIARCHE 51

dispositif politique et il ne peut tolérer que le pape intervienne à Byzance de son propre chef. D'autant que, depuis 800, ce dernier est suspect de collusion avec l'empire d'Occident. L'opposition entre le pape et l'empereur germanique, il est vrai, lève cette hypothèque.

Les relations entre Rome et Constantinople sont beaucoup plus difficiles sur le plan religieux que sur le plan politique. Outre que le patriarche se montre jaloux de son indépendance, les mentalités des uns et des autres diffèrent profondément, malgré la présence d'Occidentaux à Constantinople. Au-delà de divergences doctrinales, très minimes, ou de différences de pratique, secondaires et, au besoin, parfaitement tolérées, l'opposition porte sur la conception de l'Eglise : le pape est à la tête d'une Eglise et d'un Etat souverains, tandis que le patriarche est intégré à l'édifice politique et idéologique byzantin. Périodiquement, comme en 1054, un patriarche et un pape, ou son représentant, s'excommunient, mais le conflit ne survit pas aux individus en cause et l'on en retrouve à peine trace dans les sources.

Grégoire le grand (590-602), qui pourtant ne savait pas le grec, mais vivait dans un Occident devenu barbare, proclamait haut et fort qu'il était sujet de l'empereur byzantin Maurice.

Pour Innocent III, produit achevé de la réforme grégorienne, l'optique est différente : le pape est le chef de la chrétienté, occidentale comme orientale, c'est à lui de guider les empereurs. La croisade est détournée sur Constantinople malgré lui, mais il sait en tirer profit.

52 L'EMPEREUR : CONCEPTION ET MOYENS DU POUVOIR

La rupture sera définitive après 1204 et le sac de Constantinople par les croisés. Pour les Occidentaux, il devient commode d'avancer que ces chrétiens d'Orient ne sont que des schismatiques, et pour les Byzantins, abasourdis d'avoir été maltraités par ceux qui se proclament soldats de Dieu, les croisés ne sauraient être de vrais chrétiens. Rien d'étonnant que, dès lors, le peuple de Constantinople refuse l'Union.

De la deuxième à la troisième Rome

Face aux déboires connus en Occident, Byzance trouve des compensations chez les peuples slaves. Leur conversion au christianisme apparaît comme l'annonce de leur entrée dans l'Empire. En réalité, le résultat est variable. Les Moraves, convertis en 862 par Cyrille et Méthode, restent hors de l'Empire et dans l'obédience romaine. En revanche, la conversion du tsar Boris et de ses Bulgares, en 864, prépare l'annexion à l'Empire un siècle et demi plus tard. En donnant à ces peuples une écriture, une liturgie et un clergé, Byzance se ménage une influence de très longue durée.

Celle-ci ne se limite pas aux Balkans : les commerçants varègues, bientôt appelés Russes, descendus d'Europe du Nord par le Don, la Volga et le Dniepr, apparaissent à Constantinople en 860. Bénéficiaires au Xe siècle de traités commerciaux, ils organisent une principauté slave autour de Kiev et en 989, sous la conduite de Vladimir, ils se convertissent. Certes, Kiev est trop loin pour que la principauté russe puisse entrer dans l'Empire. Mais le lien spirituel très fort qui se crée explique que Moscou en vienne à revendiquer, au nom de l'héritage byzantin, le titre de «troisième Rome».

Pour évangéliser Moraves et Bulgares au nord de l'Empire, Cyrille (à droite) et Méthode traduisirent les Ecritures et la liturgie en slave; pour les transcrire, ces savants philologues inventèrent un alphabet – l'alphabet cyrillique.

Byzance a répandu le christianisme par la conversion des Russes en 984, comme en témoigne l'une des premières églises, Saint-Nicolas de Souzdal.

54

Comme l'Empire romain dont il est issu, l'Empire byzantin s'identifie complètement à sa capitale, Constantinople, la Nouvelle Rome. Surpassant toutes les autres cités de l'Empire, elle compte près de 400 000 habitants à son apogée ! Son peuple lui voue un attachement passionné et lui donne des noms hyperboliques : la Belle Cité, la Ville Lumière, la Reine des Villes.

CHAPITRE III
LA VILLE LUMIÈRE

Constantinople impressionnait fortement les visiteurs latins. Plus encore que l'intense activité d'une population nombreuse, les monuments retenaient leur attention. Les Byzantins n'hésitaient pas à personnifier leur capitale pour la faire figurer en majesté sur les monnaies.

56 LA VILLE LUMIÈRE

Sitôt maîtres de la ville, les Turcs ottomans se sont adaptés à son cadre monumental et idéologique et en ont fait leur capitale. Au XVIe siècle, leurs miniaturistes dessinèrent l'image d'une ville riche, dotée de splendides monuments, qui remontaient pour la plupart à l'époque byzantine. La ville de Constantin devint ainsi le plus beau fleuron de l'Empire de Soliman le magnifique.

Une ville hors du commun

Constantinople connaît un succès rapide et exceptionnel. Elle devient un phénomène unique dans l'Empire, surtout quand celui-ci perd les grandes métropoles orientales, comme Antioche et Alexandrie. En effet, malgré leur importance économique, notamment par leurs foires, et une population de 30 000 à 40 000 habitants, importante pour l'époque, Thessalonique, Éphèse ou Trébizonde ne jouent jamais qu'un rôle secondaire face à la capitale.

En choisissant le site de l'antique Byzance, Constantin a eu la main heureuse. La ville se trouve en effet à l'entrée occidentale du

L'entrée dans la ville est l'étape décisive d'une usurpation. Maniakès se présente devant la Porte d'Or. Il échoua néanmoins à renverser la dynastie macédonienne.

QUATRE CENT MILLE HABITANTS 57

Bosphore, le détroit qui sépare la mer de Marmara (ou Propontide) de la mer Noire. Elle est donc placée au carrefour des routes maritimes entre l'Orient et la Méditerranée et des routes terrestres entre l'Europe et l'Asie. Très vite, elle voit confluer vers elle hommes et marchandises issus des quatre coins du monde.

Pour que la Nouvelle Rome fût à l'image de l'ancienne, il fallait la découper en quatorze régions urbaines, ce qui relève de la pure administration, mais aussi y identifier sept collines, ce qui était moins aisé. La presqu'île elle-même tombe de façon abrupte sur la Corne d'Or, mais descend en pente douce vers la Propontide ; on a donc cherché là-haut les collines, et, comme on n'en trouvait que six, il a fallu en désigner une au sud, qui n'est pas vraiment sensible dans le paysage. Quant au pauvre ruisseau qui coule vers la Propontide, le Lykos, on aura toujours quelque peine à le comparer au Tibre.

Les marchands, comme ces Vénitiens du *Livre des Merveilles* de Marco Polo, abordent par la mer, accostant leurs bateaux aux échelles de la Corne d'Or.

Le site n'aurait pu, à lui seul, permettre à Constantinople de résister plus d'un millénaire aux assauts répétés des envahisseurs : il lui fallait des remparts imprenables

Constantin édifie une première muraille, terrestre et maritime, qui enclôt une superficie de sept cent cinquante hectares. Dès le début du Ve siècle, elle se révèle insuffisante : la population, en croissance rapide, déborde vers l'ouest. Théodose II double alors d'un coup la superficie défendue et fortifie les côtes. Quant à la muraille terrestre, il la conçoit double. Le seul risque, avant que les Turcs n'utilisent l'artillerie, c'est la trahison ou le tremblement de terre. Du vivant même de Théodose II, les séismes du

58 LA VILLE LUMIERE

LE QUARTIER DE GALATA 59

Les mille quatre cent cinquante hectares enclos dans la muraille de Théodose ne suffisent pas à contenir toute la population byzantine ou étrangère. De l'autre côté de la Corne d'Or, le faubourg des Sykes ("les figuiers") devient bientôt le quartier marchand de Galata ou Péra. Les Vénitiens ayant pris dans la ville les meilleurs emplacements, les Génois, dont l'importance s'accroît après le retour de Michel VIII Paléologue dans sa capitale en 1261, s'installent à Péra, et y dressent des échelles pour recevoir leurs navires. Le faubourg est également clos de murs.

Le tremblement de terre était l'une des catastrophes les plus redoutées. Les murailles comme les principales églises de Constantinople résistèrent bien. D'autres cités, comme Antioche, avaient été rasées.

7 novembre 447 et du 26 janvier 448 endommagent les murs et cinquante-sept des trois cent quatre-vingt-quatorze tours; mais les réparations rendues urgentes par la menace d'Attila ne prennent que soixante jours et aucun autre séisme ne les menacera plus sérieusement. La muraille mesure huit kilomètres sur la Propontide, sept sur la Corne d'Or et six kilomètres et demi du côté terrestre.

Pour le voyageur qui aborde à Constantinople, les murs maritimes, malgré leurs douze à quinze mètres, semblent petits car, derrière, se profile la masse des grands bâtiments publics, le Palais, l'Hippodrome et surtout les coupoles des églises, dominées par la plus élevée de toutes, celle de Sainte-Sophie. Ces quatre bâtiments ouvrent sur une grande place, l'Augustéon, qui est le centre de la ville. A l'est, le Sénat, surmonté d'une coupole et précédé d'un portique, tout revêtu de marbre blanc, garde sa valeur symbolique, même si l'institution a perdu son contenu politique depuis le VIIe siècle. Derrière lui se profile le Grand Palais, qui s'ouvre sur l'Augustéon par un bâtiment fermé d'une grande porte de bronze, la Chalcè. Au VIe siècle, l'image de Constantin qui la surmontait est remplacée par celle du Christ : en faisant enlever cette image en 726, Léon III inaugure l'iconoclasme et suscite une belle émeute.

La ville offrait une fastueuse réception à l'Empereur victorieux; ici, Nicéphore Phocas arrive devant la porte d'Or, suivant l'itinéraire traditionnel du triomphe.

Les courses de chevaux passionnent toutes les classes de la société

Au sud de l'Augustéon, l'Hippodrome, inauguré par Constantin en même temps que la capitale, le 11 mai 330, joue dès l'origine un rôle primordial dans la vie constantinopolitaine. Il est construit à l'imitation du Circus Maximus de Rome, et ses tribunes, en bois jusqu'au Xe siècle puis en marbre, contiennent entre 30 000 et 50 000 spectateurs. Les Constantinopolitains ont hérité de Rome la passion des courses de chevaux qui attirent la population même quand les distributions gratuites de vivres ont cessé. Les cochers ou hénioques y ont leur statue, des médailles et des camées à leur effigie circulent dans le peuple. Jusqu'au XIIe siècle, il n'est pas de fête, d'anniversaire impérial, de victoire qui ne se conçoive sans courses. Les plus importantes restent celles du 11 mai, quatre quadriges doivent accomplir sept tours de piste et la compétition se répète quatre fois le matin et quatre fois l'après-midi.

Les supporters sont organisés en dèmes ou factions, d'abord au nombre de quatre, puis rapidement réduites à deux : les Bleus absorbent les Blancs et les Verts les Rouges. Le rôle des dèmes ne se limite pas à l'organisation et au financement des courses : les deux chefs ou «démarques» des factions, dignitaires de haut rang, dirigent des milices de plusieurs centaines de «démotes», employées pour la police urbaine et, éventuellement, pour défendre les murailles.

L'Hippodrome communique avec le Grand Palais. L'empereur dispose d'une loge située au milieu de la tribune est, le cathisma; il y paraît, entouré du Sénat et des hauts dignitaires. Les Bleus sont rangés à droite et les Verts à gauche, la population non inscrite aux factions occupant le reste des gradins. En entrant, l'empereur salue en premier l'une des deux factions, celle qu'il

A part les courses de quadrige auxquelles l'empereur assistait depuis sa loge, l'Hippodrome offrait toute la palette des jeux du cirque, spectacles théâtraux, exhibitions d'animaux, etc.

a choisie lors de son avènement – le plus souvent les Bleus. Cette marque de préférence n'est pas sans conséquences politiques, voire religieuses car les Bleus sont en général traditionalistes et, sur le plan religieux, orthodoxes, tandis que les Verts sont plus turbulents, souvent oppositionnels et monophysites.

L'Hippodrome joue donc un rôle dans la vie politique. C'est là que se déroule l'élévation sur le pavois du nouveau souverain; c'est là que l'empereur dialogue avec le peuple de la capitale et le mêle à toutes les manifestations qui l'intéressent. Par exemple, lors de la crise iconoclaste, en 766, moines et moniales, dépouillés de leurs habits, furent contraints de parcourir la piste rangés deux par deux, un homme et une femme, main dans la main.

Dans les premiers siècles, l'Hippodrome fut le théâtre de conflits violents entre les deux factions rivales. En général, leur opposition profitait au pouvoir impérial tandis que leur union le mettait en

L'Hippodrome, construit dès Septime-Sévère au début du IIIe siècle, était un édifice de grande taille, long de quatre cent cinquante mètres et large de cent vingt, dont quatre-vingts mètres de piste.

L'apparition de l'Empereur au balcon de sa loge, le cathisma, tel qu'il figure sur la base de l'obélisque de Théodose, était l'événement que tous attendaient.

péril. Ce fut le cas en 532 lors de la sédition Nika : menacé par la conjonction des Bleus et des Verts, Justinien ne sauva son trône que grâce au sang froid de Théodora et à la détermination de son général, Bélisaire, qui parvint à faire refluer les factions vers l'Hippodrome, à les y enfermer et les y massacrer. Entretemps, la cathédrale Sainte-Sophie avait brûlé et il fallait la reconstruire.

Sainte-Sophie de Constantinople

De l'autre côté de l'Augustéon s'élève la masse imposante de la Grande Église, telle qu'elle a été reconstruite de 532 à 537 par Anthémius de Tralles et Isidore de Millet. Le christianisme avait adopté, pour ses églises, le plan des basiliques romaines. Ces édifices laïcs servaient à réunir le peuple : l'Église, à son tour, y réunit l'assemblée (*ekklèsia*) des fidèles. Mais elle voulut y ajouter une sphère qui représentât, au-dessus du chrétien, la sphère céleste du royaume de Dieu : la coupole. Sainte-Sophie de Constantinople est le spécimen le plus achevé et le plus grandiose de basilique à coupole. Mais faire tenir sur un plan rectangulaire une demi-sphère

La reconstruction de Sainte-Sophie (ci-dessous en coupe), détruite par la sédition Nika, fut l'un des grands desseins du règne de Justinien. On le voit ici donner lui-même ses ordres à l'architecte. Plusieurs milliers d'ouvriers venus de tout l'Empire travaillèrent sous les ordres de celui-ci.

64 L'A VILLE LUMIÈRE

LA LUMIÈRE DES COUPOLES 65

culminant à soixante et un mètres de haut nécessitait d'en contrebalancer la poussée par d'épais piliers, contreforts, arcs-boutants, voûtes et demi-coupoles. Quand le fidèle quitte l'Augustéon pour pénétrer dans l'atrium, cour bordée de portiques à l'entrée de la cathédrale, il est écrasé par la masse de l'édifice. Lorsqu'il a franchi le narthex et pénètre dans la nef, son regard s'élève de façon irrésistible vers le sommet de la coupole et la figure du Christ qui l'orne; il oscille entre un sentiment d'écrasement devant l'ampleur de la majesté divine et l'élévation de l'âme, qui suit le regard attiré vers la voûte céleste par le jeu de la lumière. Sensibles à cette symbolique, les Constantinopolitains se pressent dans leur cathédrale chaque samedi et chaque dimanche.

Dès Justinien, Sainte-Sophie bénéficia d'une décoration très soignée, comme ces châpiteaux finement ciselés, posés sur des colonnes récupérées dans les anciens temples païens. Au fil des siècles, les mosaïques et les marbres précieux couvrirent tous les espaces. La mosaïque du vestibule sud montre Justinien et Constantin, à gauche et à droite de la Vierge à l'Enfant, leur offrant respectivement Sainte-Sophie et Constantinople.

De l'Augustéon à la Porte d'Or, une des entrées de Constantinople, s'allonge une avenue monumentale, la Mésé. Bordée de portiques, au fond desquels s'ouvrent des boutiques, elle est interrompue, ou plutôt relayée, par une succession de forums, places de forme circulaire ou rectangulaire : forums de Constantin, de Théodose, du Bœuf, d'Arcadius. Les autres rues importantes de direction est-ouest se présentent selon le même modèle. En revanche, les rues secondaires sont étroites, leur tracé incertain;

celles qui vont du nord au sud, selon la tradition du quadrillage romain, en pente, prennent parfois la forme d'escaliers; la circulation, relativement aisée sur les grandes artères, y est difficile.

Un enchevêtrement de palais, maisons et boutiques

L'aristocratie dispose d'imposants palais. Isolés et fermés vers l'extérieur, ils s'ouvrent sur des jardins intérieurs ou des cours bordées de portiques et reliées par des galeries.

Les étages se prolongent en terrasses et sur la rue, les fenêtres sont généralement en encorbellement. Dans les palais, de grandes salles permettent de recevoir fastueusement un nombre important de personnes et les pièces d'habitation sont de dimensions très confortables. A la différence des maisons populaires, les palais jouissent de toutes les commodités, à commencer par des bains.

Petits, sombres et inconfortables, les logements des classes populaires se trouvent souvent à l'étage d'un bâtiment occupé au rez-de-chaussée par un atelier (*ergastèrion*). Les immeubles collectifs sont plus rares. L'alimentation en eau pose quelques problèmes, malgré l'existence de gigantesques citernes, alimentées par un réseau d'aqueducs qui vont chercher l'eau en Thrace, le

Ville bien aérée, Constantinople possédait de nombreux jardins. Une partie des maisons était en bois. Il existait toutefois des immeubles à étages en pierres, mais ni trop élevés ni trop massifs.

Ravitailler en eau quatre cent mille habitants posait un problème que les Romains étaient habitués à résoudre par la construction d'aqueducs; le plus grand, celui de Valens, allait chercher l'eau à plus de cent kilomètres.

L'eau amenée par les aqueducs était stockée dans de vastes citernes, les unes à ciel ouvert (neuf cent mille mètres cube), les autres couvertes. Ici, la citerne basilique, dans le quartier des Chalcoprateia : trois cent trente-six colonnes, sur une surface de dix mille mètres carrés et pouvant contenir près de quatre-vingt mille mètres cube d'eau.

porteur d'eau restant ainsi un personnage familier. L'existence d'égouts ne supprime pas les difficultés d'évacuation des déchets ni l'utilisation de la rue à cet effet. Ajoutons que, durant les périodes de croissance démographique, de nombreux immeubles d'habitation ont été construits trop vite sur des terrains vagues. L'Empire connaît donc le phénomène de la banlieue pauvre et du centre riche.

Constantinople est une ville bien aérée

Les grandes places sont nombreuses et le sol est loin d'être entièrement bâti. A côté de zones d'habitat très denses, aux rues achalandées, on trouve de nombreux jardins et même de petits champs. Églises et monastères, souvent dotés de jardins comme les palais, parsèment la ville et se comptent par dizaines. La population se concentre surtout dans les quartiers voisins de la mer, autour de la Mésé, ainsi que dans les quartiers orientaux. A son apogée, au VIe, puis au XIIe siècle, la ville compte de 350 000 à 400 000 habitants pour mille quatre cent cinquante hectares,

Constantinople était réputée pour son orfèvrerie : coupes, reliquaires, bijoux, etc.

ce qui, mis à part une ville comme Bagdad et son million d'habitants au Xe siècle, tranche sur les villes médiévales.

L'attrait de la ville vient de la grande diversité de ses quartiers, dont le nom rappelle parfois la profession qui y domine et impose ses bruits, ses couleurs et ses odeurs. Ainsi, à proximité de Sainte-Sophie, vers l'ouest, l'on rencontre le bruyant quartier des chaudronniers (*chalcoprateia*); un peu plus loin, sur la Mésé, ce sont les orfèvres, puis les parfums délicieux des cérulaires. Les boulangers

La cathédrale Sainte-Sophie domine la ville de toute sa masse. L'extérieur, plutôt lourd, contraste avec la formidable élévation de l'intérieur; la coupole, notamment, est engoncée dans son tambour. Vue ici d'un minaret turc, la ville offre une perspective splendide, ouvrant sur le Bosphore.

sont présents dans toute la ville, mais plus fortement concentrés sur la Mésé, entre le forum de Constantin et celui de Théodose. Les quartiers portent le plus souvent le nom d'un grand personnage qui y avait son palais (*ta Eugéniou, ta Rouphiniou, ta Probou, ta Olympiou*, etc.). Les maisons des aristocrates voisinent ainsi avec l'habitat populaire et, si les différences de richesse sont flagrantes, tous ont conscience d'appartenir à une entité à part, qui n'a pour le reste de l'Empire qu'un mépris à peine caché.

70

A Constantinople, la richesse se déploie avec faste et ostentation : luxe de l'empereur et de l'aristocratie, magnificence des bâtiments publics. Mais la ville compte aussi une multitude d'ateliers et de boutiquiers, et ses rues s'animent d'une foule bigarrée, parfois mêlée d'individus peu recommandables.

CHAPITRE IV
UNE VILLE DE CONTRASTES, INDUSTRIEUSE ET COSMOPOLITE

Les tissus de soie constituent l'une des fabrications les plus prestigieuses de l'artisanat constantinopolitain. Les tissus de couleur pourpre et de grande dimension sortent des ateliers impériaux et sont réservés à l'empereur. Certains portent l'aigle, symbole de la puissance byzantine.

La quasi totalité de l'artisanat et du commerce est le fait de petits entrepreneurs

Mis à part la soie pourpre, dont l'empereur se réserve le monopole d'usage et de fabrication dans des ateliers impériaux, et certaines fabriques d'armements à caractère secret et stratégique, comme le feu grégeois, c'est la petite entreprise (l'*ergastèrion*), à la fois atelier et boutique, qui règne en maître dans le commerce et l'artisanat : on y assure la fabrication et la vente des produits exposés à l'étal. Certaines activités sont néanmoins exclusivement commerçantes, notamment pour les marchandises importées, et l'arrière-boutique sert alors d'entrepôt.

Les rues principales, comme les forums, étaient bordées de portiques très fréquentés par les petits métiers, comme ce portefaix, et les badauds (ici, une mère et son enfant).

Les corps de métier

Chaque métier possède une organisation. Ceux qui concourent au ravitaillement, au service public, ou qui présentent un intérêt stratégique, sont contrôlés par le préfet de la Ville, ou Éparque, et leurs règlements sont consignés dans le «livre de l'Éparque».

L'apprentissage est organisé. Dans les écoles des notaires, les enfants suivent simultanément un enseignement général donné par un «maître général» et un enseignement spécialisé, donné par un «maître ès-lois», où on leur apprend le contenu d'un manuel de lois, le *Procheiron*, et l'art de rédiger un acte. Le corps de métier juge de la qualification des candidats à la maîtrise, puis les présente à la nomination préfectorale et lève un modique droit d'entrée.

L'Éparque exerçait sa surveillance sur les poids et mesures. Il surveillait la spéculation sur les produits de première nécessité. Ce poinçon servait à estampiller le pain.

Cette réglementation a pour but principal d'assurer une concurrence honnête et une production de qualité, et d'éviter les spéculations indues sur les produits de première nécessité.

L'un des procédés les plus fréquents pour fausser la concurrence consiste à faire subrepticement hausser le loyer d'un rival, afin d'augmenter ses coûts et de le contraindre à vendre plus cher. Ces méthodes sont strictement réprimées, comme celles des fabricants de cierges qui mélangent un peu de suif à la cire, abaissant ainsi leur prix de revient au détriment de la qualité et des murs des églises et de leurs concurrents plus honnêtes. D'autres intriguent auprès du propriétaire pour faire augmenter le loyer de leur voisin.

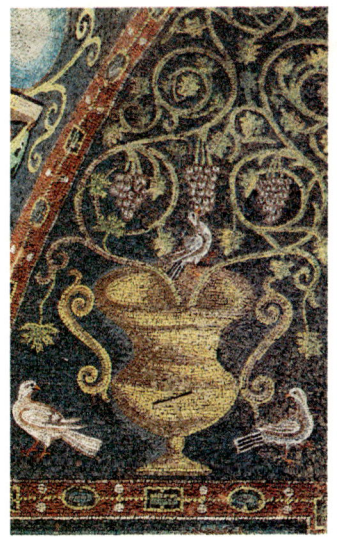

Mais pour les métiers les plus importants – céramique, bâtiment, mosaïques, nous ne connaissons aucune réglementation. L'économie urbaine constantinopolitaine reste une économie libérale.

Constantinople compte une multitude de métiers différents : commerçants, céramistes, etc. Les uns ravitaillent la ville en produits frais : raisins, pommes, poires et figues dont les habitants sont friands à l'automne. Le commerce des tissus de lin cultivé principalement dans les campagnes des Balkans est prospère ; ci-dessous, un marchand présente ses tissus au client devant sa boutique.

L'atelier-boutique constitue le plus souvent une unité familiale

Le maître du métier en est généralement locataire. L'essentiel du sol urbain et des bâtiments appartient à l'aristocratie, qui laisse en revanche fabrication et commerce aux gens du peuple. L'achat de la boutique dépasse de toute façon les revenus d'un artisan : une boutique-atelier se loue de quinze à vingt *nomismata* par an, un cabinet de médecin, environ cinq, alors que ces mêmes immeubles s'achètent plusieurs centaines de pièces d'or.

L'orfèvrerie byzantine était d'autant plus réputée que l'or abondait à Constantinople ; les orfèvres utilisaient des pièces d'or pour les bijoux. Ci-dessous, une ceinture de nomismata.

Le maître de métier travaille d'abord avec la main d'œuvre familiale, qui se transmet ainsi l'atelier au fil des générations, mais il a aussi quelques esclaves pour l'aider ou pour diriger un autre *ergastèrion*. Un esclave qualifié est un bien précieux, qui se négocie aux alentours d'une livre d'or, contre seulement vingt *nomismata* pour un esclave sans qualification. Quant aux ouvriers qualifiés, ils sont relativement rares et bénéficient d'un contrat de travail d'un mois, durée exceptionnellement longue dans le monde médiéval, mais il est interdit de débaucher l'ouvrier du voisin dans ce laps de temps. Pour deux cent quatre-vingts jours de travail par an, le salaire ainsi gagné, à peu près vingt-cinq *nomismata*, le tient à l'abri de la misère et lui permet même de goûter à quelques bribes de la consommation des riches.

Produits de luxe, orfèvrerie et surtout tissus de soie fascinaient les voyageurs étrangers

Les tissus de soie pourpre sont réservés à l'usage de l'empereur. Ils lui servent à gratifier de somptueux cadeaux les princes étrangers avec lesquels il traite les

Les tisserands de la soie travaillent avant tout en famille, faisant filer leur femme et leurs filles. Le patron économise ainsi le salaire d'un ouvrier.

LE COMMERCE DE LA SOIE 75

L'implantation du ver à soie en Asie Mineure, puis en Italie du Sud, à l'époque de Justinien permit l'essor d'un artisanat de la soie à Constantinople. Les Byzantins continuèrent toutefois d'importer des tissus d'Orient, d'Égypte et surtout de Syrie : le commerce de soieries syriennes faisait partie des métiers protégés de Constantinople. Ceux-ci concernaient autant les hommes que les femmes.

plus hauts dignitaires de l'Empire. Ils font partie du decorum de la Cour, et sa splendeur constitue un des piliers du régime. En dehors de cette soie «politique», les particuliers sont libres d'acheter et de porter de la soie, et les marchands byzantins ou étrangers peuvent en exporter. Toutefois, comme il s'agit d'un produit aux marges du politique, la réglementation est plus stricte ; l'Éparque veille au strict cloisonnement, au moins apparent, entre les différents métiers de la soie : marchands de soie grège, apprêteurs de soie, tisserands, marchands de tissus et vêtements de soie, importateurs de soieries syriennes.

L'artisanat constantinopolitain en général et l'artisanat de luxe en particulier s'exportent facilement : les fabriques de Constantinople préparent les mosaïques d'Italie méridionale et de Sicile, façonnées pièce par pièce, puis embarquées sur des navires pour être montées sur place. A cela s'ajoute l'activité du port, plaque tournante du commerce

76 UNE VILLE DE CONTRASTES, INDUSTRIEUSE ET COSMOPOLITE

LES TISSUS COPTES 77

La mode égyptienne

L'Égypte conserva ses traditions, même pour les textiles. Connu bien avant la fondation de Constantinople, les métiers de la soie se maintinrent après l'invasion arabe du VIIe siècle. La principale originalité des tissus coptes provient de leurs motifs tantôt réalistes, tantôt figuratifs, puisé dans le lointain passé de l'Égypte pharaonique. Ci-contre, les personnages du haut sont d'un dessin un peu fruste, les animaux sont au contraire d'une grande perfection pour des tissus de valeur.

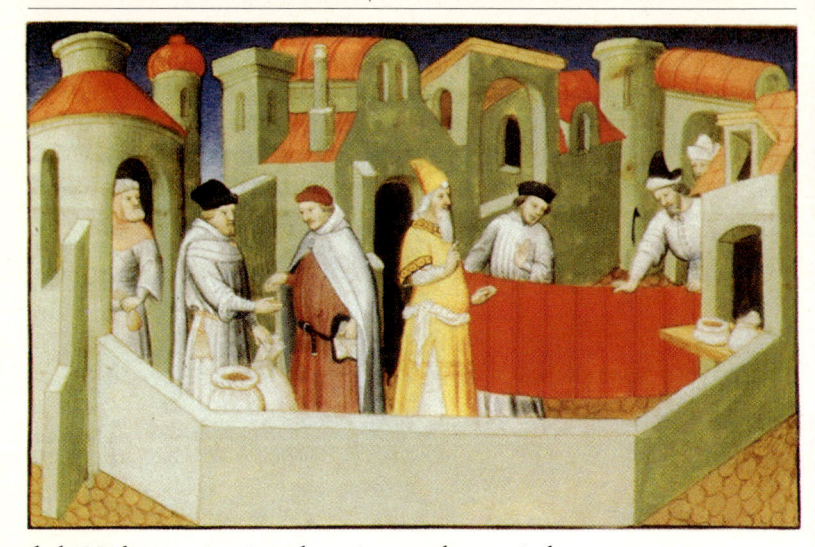

de la Méditerranée orientale, qui assure le transit des marchandises venues de la mer Noire ou du Levant. Sur la Corne d'Or, des quais ont été construits à la perpendiculaire du rivage en forme d'«échelles», pour accueillir les bateaux. Le commerce déborde d'ailleurs largement sur la rive nord de la Corne d'Or, dans le faubourg des Sykes, ou Galata, qui devient peu à peu le quartier génois. Les quartiers portuaires très peuplés abritent la plupart des marchands étrangers.

Ville cosmopolite, Constantinople accueille des marchands de tous pays

Ce sont d'abord les marchands syriens, le groupe le plus ancien ; depuis le VIIIe siècle, la plupart d'entre eux sont musulmans et la capitale compte au moins une mosquée, ce qui facilite aussi l'afflux de marchands d'autres contrées musulmanes, comme les Égyptiens. Ce sont aussi les Russes, présents surtout au Xe siècle. Cantonnés dans le faubourg européen de Saint-Mamas, en amont du Bosphore, autorisés à entrer à

A partir du Xe siècle, les Vénitiens sont de plus en plus nombreux à Constantinople ; ils constituent un véritable quartier sur la Corne d'Or, avec leurs maisons et leurs églises propres. Privés d'une partie de leur activité, les marchands grecs subsistent. Aussi, les voyageurs occidentaux en rencontrèrent-ils à Istanbul au XVIe siècle.

Constantinople par groupes de cinquante, et sans arme, ils ne peuvent passer l'hiver sur place. Dès le début du XIe siècle, et malgré leur conversion au christianisme, leur nombre diminue.

Les marchands italiens posent un problème particulier. Étant chrétiens et même, pour les Amalfitains et surtout les Vénitiens, considérés au départ comme sujets byzantins, ils ont le droit de s'installer à l'intérieur de la capitale et constituent de véritables quartiers sur la Corne d'Or, avec leurs bâtiments communautaires et leurs églises, de rite latin. Jusqu'au milieu du XIIe siècle, leur présence ne soulève que des difficultés occasionnelles, par exemple lors de la fermeture des églises latines par le patriarche Michel Cérulaire en 1052. Mais, à partir du moment où les Italiens prennent la place des Byzantins dans le commerce méditerranéen, cette mainmise provoque de violentes réactions : expulsion des Vénitiens en 1172, massacre des marchands italiens en 1181 et, en retour, prise de Constantinople, mise à sac par les croisés, à la solde des Vénitiens, en 1204.

Cette enluminure qui montre l'onction de David représente assez bien les palais des aristocrates, si nombreux à Constantinople. C'étaient des bâtiments somptueux, souvent à plusieurs étages, aérés de jardins intérieurs, de colonnades, de cours bordées de portiques.

L'échec de la classe moyenne byzantine

Les partenaires privilégiés de ces marchands étrangers sont les négociants et armateurs byzantins. Ceux-ci occupent dans la bonne société de Constantinople une place modeste, très éloignée de leur importance économique. La coupure reste radicale avec l'aristocratie, qui n'a pour les gens des métiers et du négoce qu'un profond mépris : l'Empire s'est ainsi montré incapable de renouveler son élite à un moment décisif. Pourtant, durant un grand siècle, des années 960 aux années 1080, émerge petit à petit dans la cité une classe moyenne, constituée de marchands enrichis par l'essor du commerce et de petits et moyens fonctionnaires, souvent enfants des

La plupart possèdent des thermes privés. Les salles de réception permettaient d'offrir des fêtes somptueuses imitées des fastes de la Cour.

marchands qui ont pu payer leurs études dans les écoles alors prospères. Au milieu du XIe siècle, les empereurs assurent la promotion de cette nouvelle classe dans les rangs du Sénat. Mais cette ouverture dure peu : en 1081, avec Alexis Ier Comnène, l'aristocratie foncière prend le pouvoir, le Sénat est épuré, les sénateurs se voient interdire toute activité marchande, tandis que les nouvelles dignités sont réservées à l'entourage impérial. L'aristocratie se replie sur elle-même.

Une partie de l'aristocratie byzantine vit sur ses domaines en province mais la plupart de ses membres préfèrent vivre dans la capitale

On ne se retire en province qu'à la suite d'une disgrâce, quand on n'a plus de fonction à exercer. Inversement, l'ascension normale d'une famille de l'aristocratie provinciale consiste à venir s'installer à Constantinople, y acquérir ou construire un palais et remplir de hautes charges administratives.

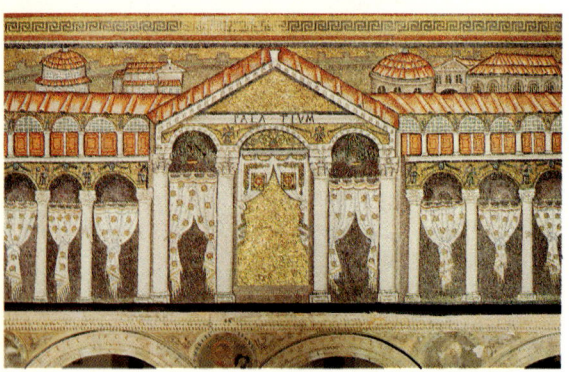

Dans les palais, où les femmes sont tenues à l'écart dans le gynécée, les aristocrates byzantins, une fois accomplies leurs obligations de dignitaires, s'adonnent à leurs loisirs favoris : jeux divers, comme les dés ou les échecs, mais aussi lecture et étude dans la bibliothèque. Certains réunissent de véritables salons littéraires.

L'aristocratie se distingue par son style de vie, conçu sur le mode du loisir antique (l'*otium*), qui n'autorise pour seul travail rémunéré que l'accomplissement d'obligations publiques, mais seuls les revenus confortables fournis par d'immenses propriétés provinciales le rendent vraiment possible.

A côté de la ville riche, coexiste celle des miséreux

Tous les habitants de Constantinople sont loin de posséder de quoi vivre ou de quoi s'abriter. Quand l'hiver est trop rude, l'empereur fait clouer des planches sur les portiques de la Mésé pour abriter les miséreux du terrible vent de nord-est. La ville attire tous les déracinés, persuadés qu'ils vont y trouver, dans les innombrables établissements d'assistance, de quoi survivre. L'aumône du chrétien est sans cesse sollicitée, encouragée par la prédication des moines gyrovagues, qui ont oublié jusqu'au nom de leur monastère d'origine, mais dont l'habit noir garantit la sainteté. La distinction entre saint et marginal devient vraiment impossible quand on rencontre un homme comme André Salos. Son comportement volontairement étrange (il contrefait la folie) lui fait encourir mille difficultés qui constituent son ascèse; il attire l'attention, ce qui lui permet de faire entendre son message. Pourtant, sa sainteté n'est reconnue de son vivant que par des marginales à haut pouvoir d'achat, les prostituées, héroïnes obligées de toute vie de saint se déroulant en ville. Celles de Constantinople ont compris qu'on ne se moquerait pas impunément d'un saint.

Dans cette faune, l'écart est faible qui sépare le pauvre du brigand. Or, paradoxalement, on connaît très peu de récits de paisibles citoyens détroussés ou égorgés. De fait, l'Éparque ne se contente pas de la surveillance des métiers. Il dispose d'une police, la Veille, qui quadrille la ville, ainsi que les milices fournies par les dèmes. S'il ne peut empêcher les émeutes de dégénérer, sa police semble efficace dans la vie quotidienne. Pour l'étranger qui vient à Constantinople, c'est une ville où il fait bon vivre.

Les voleurs, que l'on voit ici à la campagne, étaient plutôt bien contenus par la police de l'Éparque.

L'assistance publique vient en aide aux malades : la peste apparaît sous Justinien et sévit à l'état endémique durant deux siècles; les maladies infectieuses, ainsi que la lèpre, affectaient tout l'Empire.

82

Dans l'État byzantin, une part écrasante de la richesse provient du travail de la terre et du prélèvement effectué sur les revenus des paysans. Ceux-ci vivent le plus souvent regroupés en villages et forment une communauté homogène et solidaire : utilisation des pâturages, responsabilité devant l'impôt, participation aux fêtes religieuses... Les aristocrates, eux, vivent le plus souvent dans de grands domaines, à l'écart des affaires du village.

CHAPITRE V
LA SOLIDARITÉ DU VILLAGE

La moisson nécessite une main d'œuvre nombreuse, que l'exploitation familiale ne peut fournir. Cette période offre ainsi une activité d'appoint aux paysans qui, en dehors de leur jardin, n'ont pas de terre.

Une agriculture immuable dans un pays rude

Les campagnes byzantines connaissent une désespérante immuabilité. Les progrès techniques se limitent à l'invention d'un hoyau double; les traités d'agronomie se contentent, au mieux, de résumer d'antiques ouvrages latins; la productivité du travail demeure pratiquement inchangée durant onze siècles, tandis qu'elle double en Occident ou que le monde arabo-musulman, grâce à l'irrigation, multiplie les récoltes et acclimate des plantes orientales. Ainsi, l'agriculture byzantine, d'abord en avance, est en retard dès le Xe siècle, et ce blocage se transmet à l'ensemble de la société, dont l'élite vit du travail paysan.

La nourriture reste à base de céréales et les champs plantés de blé et d'orge occupent la majeure partie de l'espace cultivé. La pauvreté des sols, en dehors des fonds de vallées, rend la jachère indispensable au moins un an sur deux. Donc, chaque automne, le paysan doit retourner la terre qui s'est reposée un an. Pour ce faire, ne pouvant utiliser la charrue, car le sol est trop

La neige hivernale, comme les pluies excessives ou la sécheresse de l'été, fait partie du paysage familier au paysan byzantin.

La grêle d'été fait partie des catastrophes qui menacent les vignobles.

mince, il retourne toute la terre à la bêche avant de pouvoir y passer l'araire.

L'agriculture est aussi fragile que le sol qu'elle travaille. En année moyenne, les rendements obtenus pour des céréales ou légumineuses (lentilles, pois, fèves) bien adaptées au climat méditerranéen paraissent presque corrects. Mais bien des régions, comme le centre de l'Asie Mineure, vivent sous la menace de la sécheresse ou de pluies catastrophiques.

Les olives fournissent l'huile pour la nourriture et l'éclairage; le miel reste la seule source de sucre connue à la campagne.

On y redoute également les gels excessifs qui ruinent les semailles d'hiver. Durant l'hiver 927-928, il gela cent vingt jours de suite à Constantinople et le vin prenait dans les jarres. Il était ainsi courant de voir les côtes européennes de la mer Noire prises par la banquise.

Le jardin, le vignoble et la basse-cour

Pour compenser cette fragilité, le paysan byzantin ne manque pas de ressources. D'abord, les villes lui assurent un marché pour des cultures de grande valeur : légumes frais ou secs, fruits et surtout

Le battage s'effectue à l'aide d'un chariot sur une aire circulaire. Après quoi, le paysan conserve la paille en meules, dont il mesure ici la taille, pour les besoins de ses animaux. Les moutons, avant de fournir leur viande, donnent leur laine.

LA SOLIDARITÉ DU VILLAGE

vigne et oléagineux, cultivés en plein champ ou, le plus souvent dans la partie la plus indispensable de l'exploitation qu'est le jardin. Le paysan y concentre la totalité des pratiques fertilisantes qu'il connaît et n'hésite pas à arroser à la main, avec l'eau tirée d'un puits. Une famille de paysans byzantins peut vivre à la rigueur de son seul jardin ; inversement, aucune exploitation ne se comprend sans jardin.

Le paysan élève aussi quelques animaux : basse-cour, mais surtout porcs, moutons, chèvres et bovins qui vont paître. Outre la vaine pâture sur la jachère et après la moisson ce sont les zones de bois et friches qui séparent les villages et n'appartiennent à personne, au mépris de l'équilibre écologique de ces zones. Mais cet élevage reste un appoint, fournissant du lait, du fromage et une consommation occasionnelle de viande car les animaux sont chers et seuls les très grands propriétaires peuvent s'adonner véritablement à l'élevage. Le paysan cherche d'abord à préserver son instrument de travail essentiel : sa paire de bœufs.

Le vignoble constitue l'une des cultures essentielles et occupe des parts entières du terroir ; le vin se conserve dans des jarres de terre cuite. L'eau que la paysanne puise sous la terre sert aux usages domestiques et souvent à l'irrigation du jardin. Mais le travail de base, demeure le labour à l'araire.

La famille byzantine et son araire

Pour l'arpenteur, l'unité de surface est le *modios* (un dixième d'hectare environ), mais l'unité d'exploitation, c'est l'attelage de deux bœufs unis par le joug, le *zeugarion*, la «jugée».

Certains ont plus de terres, au point de disposer d'une «double jugée», d'autres n'ont qu'une «bovée». Il s'agit là d'une manière de compter la terre, l'araire n'étant jamais tiré par un seul animal.

Cet instrument fondamental de l'exploitation agricole byzantine fait donc vivre une famille : le paysan, sa femme et ses enfants. Toutefois, la main d'œuvre familiale ne suffit pas toujours, aussi le paysan byzantin emploie-t-il souvent comme serviteur un paysan du même village.

Les animaux sont un bien précieux, très coûteux, et indispensables. Le paysan a besoin de sa paire de bœufs pour son araire, des moutons pour la laine, des chèvres qu'il envoie paître dans les bois pour le lait, du porc pour la viande. Sur cette mosaïque, le berger n'a pas seulement une valeur biblique, il représente celui qui, rémunéré pour garder les animaux, produit des fromages avec le lait des bêtes.

Le village et la maison

Les paysans vivent le plus souvent regroupés en villages. Certains villages perchés, pour échapper aux crues des cours d'eau ou à l'insalubrité des marécages, offrent même, avec leurs maisons jointives, une ébauche de défense, et les jardins réunis forment alors un quartier proche du village. D'autres, au contraire, sont éclatés, chaque maison étant entourée de son jardin.

Le village regroupe des paysans de conditions économiques et juridiques différentes : certains sont propriétaires de leur tenure, d'autres sont locataires pour une durée déterminée, d'autres sont des parèques. Ces derniers peuvent rester sur leur terre aussi longtemps qu'ils versent leur loyer ou *pakton* mais ils peuvent également la céder. Ceux que leur propriété ne suffit pas à faire vivre sont locataires ou parèques sur une autre terre. Du VIIe au Xe siècle, les petits propriétaires sont plutôt plus nombreux mais, dans la période suivante, les parèques l'emportent.

La maison paysanne, quand elle n'est pas la simple

L es maisons paysannes sont regroupées en villages souvent perchés et assez resserrés : ici, un îlot du village syrien de Déhès au VIe siècle. L'habitat en pierre s'ouvre sur une cour qui dessert plusieurs maisons, sans doute à l'origine issues de la même famille. Même dans ce village assez cossu, les demeures sont de dimensions restreintes. Elles comportent un rez-de-chaussée réservé aux outils et aux animaux, tandis que la famille occupe l'étage. La loggia, où l'on met à sécher les fruits, permet de profiter des soirées d'été.

cabane de l'ouvrier agricole libre ou servile, se caractérise par sa petitesse et son inconfort. Dans quelques régions, comme la Macédoine, elle se compose de bâtiments dispersés dans le jardin, plutôt en bois, sans guère de fondations, où hommes et bêtes sont toutefois séparés. Mais le modèle majoritaire reste la maison monobloc où, le matériel, les animaux et les récoltes occupant le rez-de-chaussée, la famille vit à l'étage, le plus souvent dans une pièce unique, prolongée par une terrasse ou loggia, qui permet à la fois de profiter de la douceur de la nuit estivale et de faire sécher figues ou raisins. En cas d'enrichissement, comme dans les villages de Syrie du Nord des Vᵉ-VIᵉ siècles, on améliore la construction et même la décoration en s'offrant une mosaïque, mais on n'agrandit guère la partie habitation. De toute façon, l'on évite de mordre par l'habitat sur la précieuse zone des jardins.

Les aristocrates qui résident à la campagne vivent souvent à l'écart des villages dans des habitations de vastes dimensions, ouvertes sur des cours à portiques

Les aristocrates vivent rarement à l'intérieur du village, mais plutôt à l'écart, dans des *villæ*. Cela n'empêche pas les paysans de venir les voir pour solliciter un conseil ou l'arbitrage de leurs conflits. Entre hauts personnages, l'hospitalité est de rigueur : on partage ainsi avec ses égaux les produits des domaines : animaux de pâturage et légumes délicats issus du monde arabe (aubergines, courgettes...). Mais les aristocrates préfèrent résider en ville pour y exercer leurs fonctions publiques.

Quelques magnats vivent néanmoins dans leur village, comme, à la fin du VIIIᵉ siècle en Paphlagonie, Philarète le Miséricordieux, dont la petite-fille va épouser Constantin VI. Sa maison, qualifiée de «grande, antique et magnifique», ne nous est pas décrite, mais les fonctionnaires impériaux, soucieux d'être bien logés, se dirigent immédiatement vers elle. Elle comporte un appartement séparé pour les femmes, et aussi une salle à manger où trône une table d'ivoire incrustée de pierreries pour trente-six couverts. Philarète baigne dans la vie quotidienne du village, peut-être parce que sa puissance est d'origine récente.

Au XIe siècle, au contraire, le général en retraite d'origine arménienne Katakalôn Kékauménos, écrivant un livre de conseils pour ses petits-enfants, commence par leur recommander de vivre à Constantinople, de leurs fonctions; sinon, il leur conseille de se tenir à l'écart des affaires du village, ce qui implique une résidence distincte, mais proche de celui-ci.

Les grands domaines, généralement dispersés entre plusieurs villages, voire dans plusieurs provinces, sont presque intégralement affermés à de petits paysans. Le propriétaire se contente de toucher ses rentes depuis la ville voisine, voire depuis Constantinople, et ce, même pour des propriétés situées à l'est de l'Asie Mineure. Les paysans byzantins retrouvent parfois le vieux réflexe de s'adresser au potentat local pour arbitrer leurs conflits; pourtant, les rapports entre paysans et puissants restent lointains, avant tout économiques.

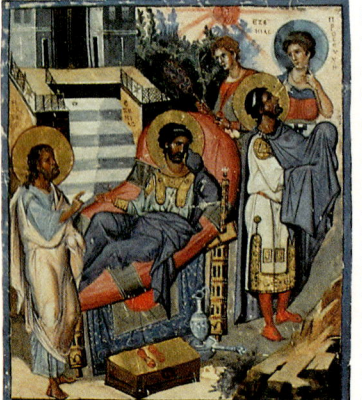

Le magnat, qui réside à Constantinople ou dans une grande cité, s'occupe rarement de ses propres affaires, l'essentiel de ses terres étant affermé et surveillé par des curateurs chargés de percevoir les loyers, en argent ou en fruits. Toutefois, certains supervisent personnellement le travail de leurs locataires ou parèques. Entre les tournées d'inspection, ils reçoivent les fermiers sur le pas de leur porte.

La relative homogénéité de la société paysanne explique la vigueur de la communauté villageoise

Certes, l'exploitation du sol reste familiale, comme la responsabilité de chacun devant son propriétaire et le fisc. Pourtant, certaines activités sont communautaires, comme l'utilisation des friches : chaque matin, le bouvier appointé par les paysans rassemble les bêtes pour les mener paître la journée dans les bois. Les fêtes religieuses rassemblent les villageois en des sacrifices d'animaux et festins qui plongent leurs racines dans le passé pré-chrétien, mais que le clergé a su prendre en charge.

Dès le VIIe siècle, l'État byzantin a compris le parti qu'il pouvait tirer de cette unité villageoise. L'essentiel de ses ressources vient de l'impôt foncier, payé par le propriétaire ou le locataire de la terre, donc essentiellement par le petit exploitant agricole. Tout naturellement, le cadastre est dressé village par village.

Mais le village n'est pas uniquement une circonscription fiscale, il est aussi doté d'une solidarité devant l'impôt. Si un contribuable ne peut payer son dû, on le demande à ses co-contribuables qui, en retour, reçoivent le droit de cultiver sa terre. Autrement dit, chacun est responsable sur sa terre du paiement de son impôt, mais le village est solidairement responsable du paiement du total de la redevance. Cette responsabilité collective s'accompagne d'un droit de préemption en cas d'aliénation de la terre, d'abord au profit des voisins,

L'impôt reposait sur la terre et le recensement était un moment essentiel.

Les fonctionnaires des impôts recevaient une formation et des instructions précises, qui leur permettaient de mesurer la terre et de calculer les contributions.

92 LA SOLIDARITÉ DU VILLAGE

puis en faveur des co-contribuables, enfin de la communauté villageoise en tant que telle. Le système fiscal et, plus largement, le maintien d'un dense réseau d'exploitations agricoles reposent donc sur la cohésion de la société villageoise.

Pour assurer la mise en œuvre de la vie collective, le village se dote de «chefs de village», tient des archives, este en justice, bref possède une personnalité morale.

> Les monastères occupent une place importante à proximité des villages. Ils diposent également de jardins à l'intérieur et dans les environs.

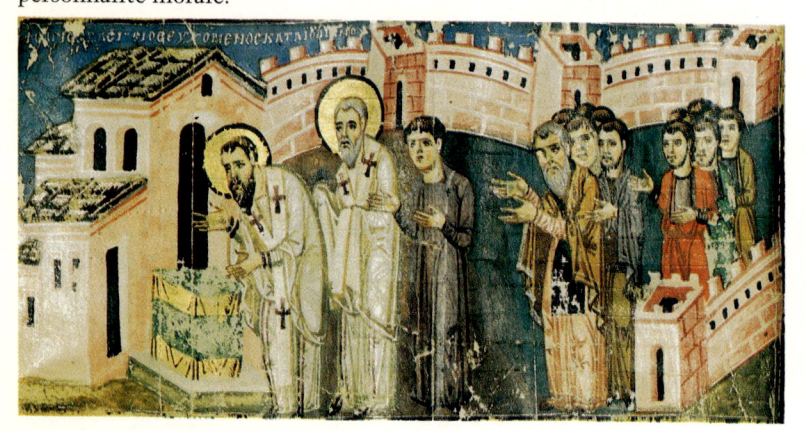

L'Église dans le village

Un village, c'est aussi une communauté chrétienne, avec son lieu de culte, église de plein exercice ou simple oratoire, et son clergé, même s'il n'existe pas de circonscription ecclésiastique formellement appelée paroisse. Faute d'autres moyens d'existence, les desservants de l'église villageoise sont à la fois prêtres et paysans, exploitant leur tenure familiale qui, après eux, passe à leurs descendants. Ce clergé à temps partiel est, en retour, fort nombreux : un village de deux cents habitants peut compter deux ou trois prêtres.

Mais ce clergé séculier héréditaire, d'une qualité sans doute discutable, ne répond pas totalement aux aspirations religieuses des populations. Les abords des villages sont souvent peuplés de saints hommes, bons génies tutélaires du proche village, ou même du réseau de villages avoisinant. On vient les chercher

> Le moine byzantin est un grand voyageur. On le voit ici sur son âne, signe de son humilité : l'aristocrate, lui, monte à cheval.

A l'origine, les serviteurs de Dieu se retirèrent au désert pour affronter la tentation et vivre en ermites; puis ils se regroupèrent, comme ici à Anba-Bichay, en monastères qui formèrent de véritables villages. Le désert du Sinaï accueillit aussi les moines et aujourd'hui encore le monastère de Sainte-Catherine reste très actif.

pour chasser les sauterelles, faire rentrer la rivière dans son lit, ou au contraire faire pleuvoir en cas de sécheresse; plus généralement, on les requiert pour chasser les démons qui surgissent du sol à chaque fois qu'on le creuse! Issus de la société villageoise, ils sont à l'écoute de ses problèmes. Ainsi surgissent, aux quatres coins de l'Empire, sur la tenure du fondateur, arrondie de quelques lopins, une foule de monastères villageois dont l'espérance de vie est faible, mais ils font partie du paysage rural au même titre que le champ de blé ou la vigne.

94

S ans les érudits et les copistes byzantins, sans l'amour passionné des livres de ceux qui en passaient commande, l'héritage de la Grèce antique ne nous aurait pas été transmis. D'abord méprisée parce que païenne, la culture antique n'a cessé d'être la base de l'éducation ; dès le IXe siècle, elle reprenait sa place pour ne plus la quitter jusqu'en 1453.

CHAPITRE VI
LES DÉPOSITAIRES DE LA CULTURE GRECQUE

L a musique fait partie des sciences, comme la géométrie, l'arithmétique ou l'astronomie, et entre dans le programme d'enseignement. Elle poursuit, approfondit et perfectionne la tradition antique.

LES DÉPOSITAIRES DE LA CULTURE GRECQUE

Le livre restant un objet de prix, long et difficile à reproduire, l'enseignement est avant tout oral. L'élève écoute le maître et prend des notes sur une tablette de cire, puis tente de reproduire du mieux possible le discours magistral. Les capacités rhétoriques s'exercent dans la discussion et la controverse. L'enseignement reçu dépend avant tout des capacités et des goûts du maître.

Pour occuper un rang élevé dans la société byzantine, il faut être riche mais aussi capable d'exercer des fonctions administratives ou militaires. Or l'administration byzantine repose, pour l'essentiel, sur la compétence, si bien que les fils de la petite aristocratie provinciale, comme Michel Psellos ou Michel Attaliate, historien et juge au tribunal impérial, peuvent accéder aux plus hauts postes. Pour les enfants des familles aristocratiques, il existe, principalement à Constantinople, tout un système éducatif. La culture n'est pas seulement un plaisir et une marque de distinction sociale : elle est une nécessité.

L'enseignement primaire et secondaire est privé et payant

L'enseignement primaire, ou *propaideia*, est assez largement répandu et l'on trouve des instituteurs jusque dans les bourgades au plus profond de l'Asie Mineure.

LE SYSTÈME ÉDUCATIF 97

Les enfants à partir de huit-neuf ans, parfois moins, apprennent à lire et reçoivent les rudiments de la grammaire grecque durant deux ou trois ans à travers des livres pieux, mais aussi des extraits d'auteurs antiques. Cet enseignement primaire est privé et payant : le programme est donc laissé à l'appréciation des maîtres. Certains monastères possèdent une école, mais à l'usage des futurs moines, et donc sans influence extérieure.

Quand l'enfant atteint dix-onze ans, les parents se mettent en quête d'une école secondaire ou *paideutèrion*. Ils ne la trouveront dans aucune des grandes métropoles provinciales, pas même à Thessalonique, la seconde ville de l'Empire. Les provinciaux envoient donc leur fils à Constantinople, chez un parent qui y réside, souvent lui-même fonctionnaire ou titulaire d'une haute charge ecclésiastique. Les liens familiaux, caractéristiques de l'aristocratie, jouent donc un rôle essentiel dans la transmission des compétences et de la culture, mais la nécessité de se rendre à Constantinople constitue un obstacle infranchissable pour les enfants des familles plus modestes.

Constantinople possède plusieurs écoles secondaires : Saint-Paul de l'Orphelinat, Saint-Théodore de Sphorakiou, les quarante Martyrs ou la Diakonissa. La plupart se trouvent au centre de la cité, autour de la Mésé, non loin du forum de Constantin ; celle de la Diakonissa, près du forum de Théodose, est déjà plus décentrée : pour s'y rendre, on doit traverser des quartiers populaires. Au XIe siècle, l'école la plus cotée est celle de Saint-Pierre, où exercent simultanément Nicétas le Grammairien, Jean Xiphilin, futur «gardien des lois» et patriarche de Constantinople, et Michel Psellos.

Dans son école, le *maistôr* est indépendant. Aidé par son adjoint, il accueille en principe qui il veut, mais, en raison de la concurrence, il accepte qui se présente. Les élèves appartiennent à l'aristocratie, comme en témoigne leur tenue. Pendant la leçon, les plus avancés, ou *ekkritoi*, occupent le premier rang.

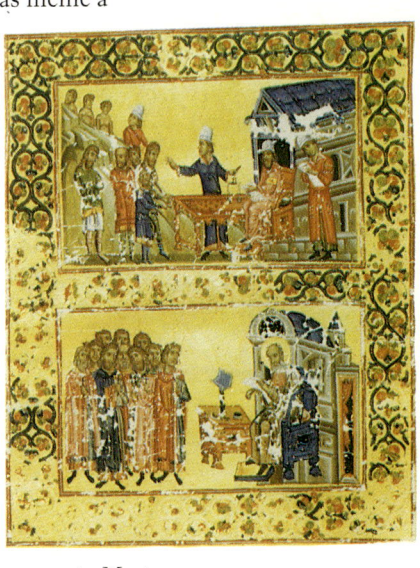

Ces écoles regroupent des élèves de dix à dix-huit ans, et sont animées par un maître (*maistôr*), souvent assisté par un adjoint (*proximos*). Le maître dispense son enseignement avant tout aux élèves avancés qui, à leur tour, enseignent aux plus jeunes, contrôlés par le *maistôr* qui vérifie le travail une ou deux fois par semaine. Ces écoles sont également privées : les élèves paient, mal et souvent en retard, et les maîtres, qui se livrent à une concurrence féroce pour avoir des clients, intriguent pour obtenir une école plus cotée. Les élèves ne sont pas toujours studieux, se moquent de leur maître et pratiquent régulièrement l'école buissonnière. Dès le début du Xe siècle, l'empereur, puis le patriarche, jouent un rôle dans la nomination des maîtres, et distribuent peut-être quelques salaires, sans toutefois intervenir dans la détermination des programmes. Certains maîtres sont des ecclésiastiques. Dans les années 1050, le futur patriarche Nicolas Grammatikos, diacre, maître dans une école, est un spécialiste réputé d'exégèse scripturaire. Les *maistores* sont d'ailleurs une pépinière de hauts dignitaires ecclésiastiques.

Jean Argyropoulos fut l'un des derniers professeurs de Constantinople ; il avait enseigné le grec à l'université de Padoue avant de revenir prendre la tête du Mouséion devenu à cette époque l'école impériale, où il remplace Georges Scholarios, jugé trop proche des Latins. L'école se tenait dans l'hôpital annexé au monastère Saint-Jean-Baptiste.

Le programme des écoles secondaires a très peu varié au cours des siècles : l'essentiel, c'est la grammaire, la poésie et la rhétorique

Le but de cet enseignement, c'est l'acquisition du langage, des formes, des qualités d'expression puisées au lointain passé de l'hellénisme. Pour arriver à ce résultat, l'élève apprend par cœur une grammaire élémentaire, puis il s'exerce à versifier et surtout à composer des discours en se livrant à une imitation servile et impersonnelle de modèles littéraires.

Le formalisme de ces exercices atteint son apogée au XIe siècle avec le développement de la schédographie : le genre consiste à introduire en un minimum de mots un maximum de difficultés ou de raretés lexicographiques et grammaticales. On crée ainsi une langue de bois hermétique. Les écoles organisent des concours de schédographie pas toujours loyaux, où les maîtres jouent leur réputation, le prestige de leur école et donc le nombre futur de leurs élèves. Les vrais intellectuels, comme Psellos, affichent leur mépris pour ces exercices, mais avouent volontiers les pratiquer et même y exceller.

Quant à la connaissance des lois, nécessaire au fonctionnaire, elle s'acquiert le plus souvent hors de l'école, dans certains établissements prestigieux, comme l'école de Saint-Pierre au XIe siècle, où l'enseignement est toutefois prodigué par des experts en droit, tels Psellos ou Xiphilin.

Une partie des livres renferme les textes sacrés (ici un Évangile). Dans les manuscrits de quelque prix, la première page au moins est ornée de miniatures, qui illustrent aussi les marges.

La classe byzantine ressemble à celle d'aujourd'hui, avec des effectifs moins nombreux et un enseignement plus poussé de la philosophie.

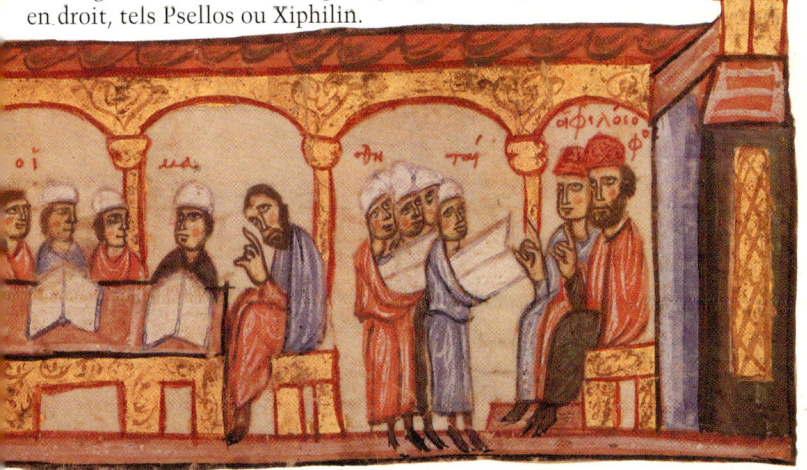

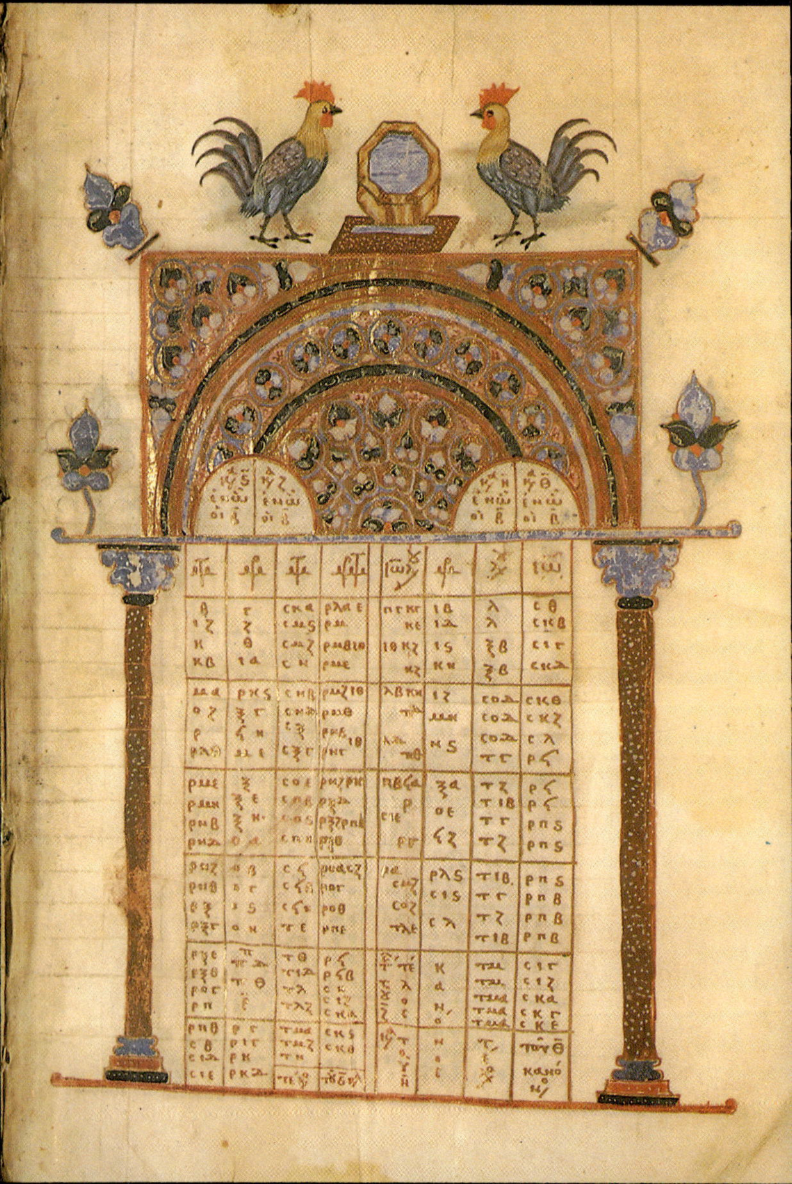

L'ÉVOLUTION DE L'ÉCRITURE 101

L'écriture conditionne le prix et la diffusion des livres. Autour de 800, l'écriture en capitales, appelée onciale, qui surmonte ici la scène du Christ devant Pilate, cède la première place à la minuscule cursive, plus rapide et plus lisible; les titres restent, comme aujourd'hui, en onciale. Certains manuscrits sont décorés de véritables miniatures, d'autres de lettres stylisées simplement. Les intellectuels exigent de larges marges pour y annoter leurs commentaires ou scholies.

Dès le IXe siècle, l'université est rétablie, sous la direction d'un savant, Léon le Mathématicien, si célèbre que le calife abbaside al'Mamun voulut le faire venir à Bagdad

L'université est installée dans le palais de la Magnaure où l'on enseigne la philosophie (Léon en est le maître), l'astronomie, la géométrie et la grammaire. Un siècle plus tard, Constantin VII rend visite aux étudiants, les encourage à bien travailler pour qu'ils deviennent les cadres de son administration. A l'université, l'enseignement est public, organisé et financé par l'État, mais le nombre de chaires (quatre) et, partant, d'étudiants, est fort limité.

A la fin du Xe siècle, cette université disparaît. En 1047, Constantin Monomaque crée une école de droit, publique et gratuite, dotée d'une bibliothèque, animée par Jean Xiphilin, un *nomophylax*, ou gardien des lois, et destinée à former les futurs cadres de l'État. En revanche, l'université générale n'existe plus, malgré le titre ronflant de «consul des philosophes» accordé à Psellos. L'école du *nomophylax* ne dure que quelques années, puis l'enseignement supérieur disparaît définitivement de l'Empire. Un phénomène qui n'est pas sans lien avec les interventions plus fréquentes et plus appuyées de l'Église dans l'enseignement. Elle condamne l'un des successeurs de Psellos, Jean Italos, qui affichait son admiration pour Platon.

Outre le palais impérial et le patriarcat, les monastères détiennent les principales bibliothèques. Des particuliers, riches et éclairés, possèdent également plusieurs centaines de livres, objets usuels prisés de l'aristocratie de fonction.

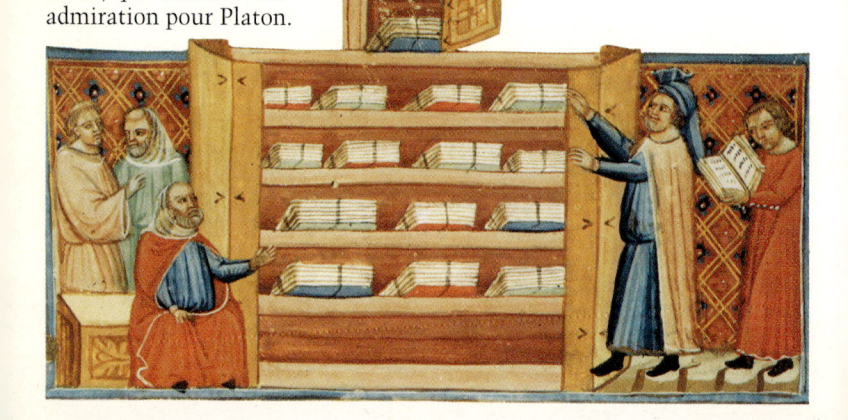

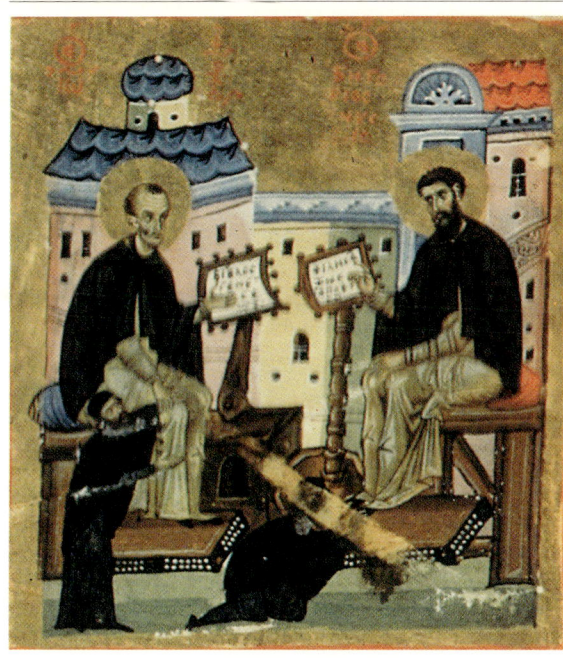

En perdant l'Égypte, Byzance passe du papyrus au parchemin; très solide, cette matière est coûteuse et délicate pour le scribe, car la plume accroche. A partir du XIe siècle, le papier fait son apparition, mais le parchemin demeure en usage pour les manuscrits de luxe. Le premier grand atelier de copie, ou *scriptorium*, fut installé au monastère de Stoudios à Constantinople; les moines conservent le quasi-monopole de cette profession.

Byzance occupe une place décisive dans la transmission de la culture grecque

De tout temps, les ouvrages de l'Antiquité grecque ont été recopiés, ou plus simplement conservés. Le parchemin a progressivement remplacé le papyrus, après la perte de l'Égypte au VIIe siècle, ce qui facilite la conservation. Le palais impérial, comme le patriarcat, possède une bibliothèque.

Dès la fin du VIIIe siècle, la querelle iconoclaste incite partisans comme adversaires des icônes à un formidable effort bibliographique pour trouver les arguments nécessaires à leurs raisonnements. La minuscule cursive, apparue alors, permet de multiplier les copies à un prix réduit. Les intellectuels des IXe-XIIe siècles ont ainsi lu, dans le texte et non plus dans des florilèges, l'essentiel de Platon et d'Aristote. Des érudits, comme l'archevêque de Césarée, Aréthas, au début du Xe siècle, accomplissent une véritable œuvre d'éditeur,

Pour copier un livre, il faut surtout être calligraphe. C'est pourquoi les auteurs utilisent souvent les services d'un scribe. Beaucoup sont des moines, dont on trouve le nom (souvent accompagné du montant de sa rémunération) dans le manuscrit, à côté de celui du commanditaire. Bien des intellectuels de renom, dont nous avons conservé les écrits, étaient incapables de calligraphier; certains, comme Aréthas, ignoraient même la minuscule cursive et rédigeaient leurs scholies en onciale.

établissant les textes suivant les critères modernes de l'édition. Aréthas est un bon exemple de ces passionnés de culture antique : il possède peu d'ouvrages religieux mais l'essentiel du corpus aristotélicien, tout le corpus platonicien et néoplatonicien; il ne s'intéresse pas à la poésie, mais se montre friand d'histoire et de géographie. Ses goûts sont donc un peu les mêmes que ceux de Phôtius et de Psellos, également passionnés de droit et de sciences.

Le droit ne s'est jamais véritablement arrêté depuis Justinien. Celui-ci avait interdit qu'on commenta son corpus. Mais il fallait le traduire en grec, ce qui est déjà une forme d'interprétation, et les commentateurs se sont mis immédiatement à l'œuvre. Si bien que, à la fin du IXe siècle, Basile Ier doit commander une «purification du droit». Il s'agit d'abord d'extraire du droit existant une compilation facilement utilisable, un manuel (*Procheiron*) et une introduction (*Épanagôgè*); puis de reclasser l'ensemble du droit et de la jurisprudence contenus dans le corpus de Justinien dans un ordre enfin logique et systématique. Cela donne les soixante livres des *Basiliques*, achevés sous Léon VI avant 893. A partir de cette somme, les juristes ultérieurs, comme Attaliate et Psellos au XIe siècle ou Balsamon au XIIe siècle, rédigent de nombreux ouvrages de synthèse et d'exégèse.

Quant aux sciences, leur statut est plus ambigu. Certaines, comme la physique et la chimie, sont volontiers soupçonnées de déboucher sur la magie, accusation portée contre le patriarche iconoclaste Jean Grammatikos, et dont Psellos a quelque mal à se disculper. L'astronomie, en revanche, quoique toujours liée à l'astrologie, n'encourt pas de vrai reproche. Alexis Comnène éloigne l'alexandrin Seth non comme charlatan, mais parce que, ne se trompant jamais, il pousse les gens au désespoir. Quant aux mathématiques, elles sont illustrées dès le début du IXe siècle par Léon dit le «Mathématicien». Cet épithète visait d'ailleurs moins son niveau dans cette science que ses connaissances (*mathèmata*) en général. Mais Léon connaissait parfaitement Euclide, Pythagore et les autres savants de l'Antiquité.

La culture littéraire et philosophique

La culture est conçue avant tout comme la reproduction, par une mince couche de la société et à son bénéfice exclusif, d'un modèle figé. Ce qui explique assez bien le faible apport des Byzantins aux

L'un des succès de librairie le plus considérable à l'époque byzantine fut le recueil d'homélies des Pères de l'Église; à croire que les sermons des grands prélats du IVe siècle étaient inlassablement répétés. Le champion toutes catégories fut Grégoire de Nazianze.

Le livre liturgique est plus qu'un livre, un objet de culte. A ce titre, il est richement décoré d'or et de pierres précieuses, comme un reliquaire.

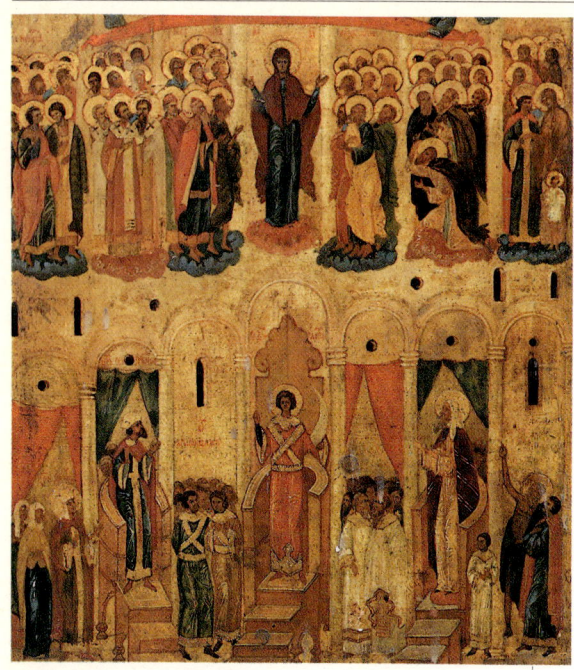

Byzance ne connut pour ainsi dire que la poésie sacrée. Romanos le Mélode, à l'époque de Justinien, mit en vers et en chants la liturgie de l'Église byzantine. Souvent imité, il ne fut jamais égalé. Il est représenté sur cette icône en dessous de la protectrice de Constantinople, la Vierge qui, dans l'église des Blachernes, effectuait un miracle tous les vendredis.

genres littéraires les plus créatifs : philosophie, poésie, fiction. En poésie, le succès revient à l'épigramme. Des spécialistes, comme Christophore de Mytilène au XIe siècle, parviennent à faire rire, mais rarement à émouvoir. Le vrai genre créateur, c'est la poésie sacrée, qu'incarna au plus haut degré le Syrien Romanos le Mélode (VIe siècle) : ses pièces, composées pour accompagner la liturgie, les *kontakia*, dont la versification repose sur l'accent tonique, et donc sur le rythme, atteignent à une émotion dramatique, que vient renforcer la musique, œuvre du même auteur. Aux VIIe-VIIIe siècles, avec André de Crète, le *kontakion* donne naissance au canon, illustré au IXe siècle par Joseph l'Hymnographe. La musique, que les Byzantins rangent parmi les sciences, était fondée sur le système antique des intervalles : se met en place une méthode sophistiquée d'écriture des notes et des quantités, intervalles, accents et rythmes.

Pour se renouveler, la poésie doit abandonner la langue figée, imitée du grec ancien pour adopter la langue populaire, plus riche et souple. En témoigne l'épopée de Digénis Akritas, née au Xe siècle, mais sans cesse remaniée par la tradition orale, qui raconte les exploits des combattants chargés de défendre la frontière du Taurus contre les Arabes.

La littérature en langue savante, illustrée par d'innombrables orateurs et épistoliers, donne parfois naissance à des œuvres originales, comme le *Timarion*, récit d'une descente aux Enfers qui recouvre une satire des contemporains. Les romans, comme *Rosanthè* et *Dosiclès*, imités de l'Antiquité, sont insipides. Pourtant, l'auteur de ce dernier, Théodore Prodrome, au XIIe siècle, rend vie à ses écrits satiriques en usant de la langue populaire.

De l'histoire à l'hagiographie

Certains auteurs, comme Théophane (IXe siècle) se contentent de chronographie, récit sous forme d'annales remontant à la création du monde intéressant seulement pour les périodes les plus proches. Mais la tradition des historiens, inaugurée en Grèce antique par Hérodote et Thucydide, s'est poursuivie aux IVe-VIe siècles, avec Eusèbe de Césarée, Evagre, Procope de Césarée, Agathias, Théophylacte Simocatta. Elle reprend au XIe siècle et redevient un genre majeur : Jean Skylitzès, Michel Attaliate,

Même si, avec Romanos, la musique pénètre à l'Église, elle reste un divertissement profane. Les Byzantins usent d'instruments à corde pincée et à vents ; quant à l'orgue, il devient pneumatique. La danse est l'une des distractions favorites du Palais.

Michel Psellos, l'homme orchestre du XIe siècle, Anne Comnène, fille de l'empereur Alexis, Michel Chôniatès; elle brille encore de mille feux au XIVe siècle avec Georges Pachymère, Nicéphore Grégoras, Jean Cantacuzène (l'empereur Jean VI) et même après la conquête turque, avec Laonikos Chalkokondyle.

L'imitation des modèles antiques n'empêche pas un effort d'établissement des faits et de réflexion.

Le génie byzantin s'exprime toutefois mieux encore dans les vies de saints. L'hagiographie, littérature de propagande destinée à faire connaître les mérites d'un héros, se rapproche parfois de l'épopée. Écrits le plus souvent par des anonymes ou des auteurs tout à fait mineurs, ces récits débordent de vie. Pourtant, comme les autres genres, l'hagiographie a été victime de la passion encyclopédique qui triomphe au Xe siècle avec Constantin Porphyrogénète : un haut fonctionnaire, Syméon Logothète, entreprend ainsi de réécrire toutes les vies de saints antérieures pour constituer un ménologe homogène. Il métaphrase, d'où son surnom de Métaphraste, dans le style savant de l'époque, en éliminant systématiquement les épisodes concrets et atypiques. Son ménologe eut un immense succès, si bien que les vies prémétaphrastiques ne furent plus copiées et que l'hagiographie fut sinistrée.

A lui tout seul, Syméon symbolise la culture byzantine : fonctionnaire, fils de fonctionnaire, il plie toute création au schéma antique appris à l'école. Pourtant, à qui voudrait se donner la peine de gratter ce vernis, la littérature byzantine réserve quelques

Anne Comnène a attaché son nom au récit du règne de son père, Alexis Comnène. Auteur de l'*Alexiade*, seule femme de la littérature byzantine, elle avait dû apprendre les lettres dans une quasi-clandestinité; mais les femmes de l'aristocratie étaient souvent cultivées.

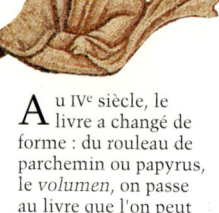

Au IVe siècle, le livre a changé de forme : du rouleau de parchemin ou papyrus, le *volumen*, on passe au livre que l'on peut feuilleter, le *codex*.

joyaux, à la mesure d'un art dont les miniatures des manuscrits nous fournissent certains des plus beaux spécimens. Les historiens et chroniqueurs byzantins atteignent un niveau de réflexion et de critique des sources que l'on retrouve dans le monde arabe mais pas avant le Renaissance en Occident. Sans doute, plus encore que de sa qualité réelle, cette littérature souffre du préjugé qui frappe un Empire rangé une fois pour toutes par l'Occident croisé et pontifical, alors incapable d'atteindre à un tel niveau de réflexion, au rang des schismatiques.

Dans les bibliothèques, les vies des Saints occupent une place importante, à la mesure du rôle de leurs personnages dans la vie spirituelle. Certaines furent l'œuvre de disciples anonymes, d'autres des plus grands princes de l'Église.

110

En 529, Justinien ferme l'Académie d'Athènes accusée de paganisme impénitent. Nul ne proteste. A part quelques attardés de la philosophie grecque, de l'empereur au plus humble de ses sujets, tout le monde est chrétien. L'Église devient une puissance et l'habit noir des moines le symbole de la sainteté.

CHAPITRE VII
DIEU ET SES SAINTS

Depuis Constantin, l'empereur préside le Concile. Il en va encore ainsi jusqu'au XIVe siècle. Jean VI Cantacuzène est orfèvre en la matière : brillant écrivain et théologien, mais finalement éliminé de la vie politique, il finira ses jours au monastère. Les moines, que l'on voit ici derrière les évêques, jouèrent un rôle important dans tous les conciles.

Quand l'Empire devient chrétien

Certes, chacun ne met pas exactement la même chose derrière le mot «chrétien» et la nouvelle religion est divisée de concile en concile, mais tout le monde croit que Jésus, Fils de Dieu, est mort et ressuscité. Dans la Syrie du Ve siècle, c'est devenu un exploit ascétique que de découvrir, au plus profond du mont Liban, un village païen à convertir. Plus tard, aux IXe-XIe siècles, quand renaît l'étude de la philosophie grecque, ceux qui s'y adonnent prennent bien soin de distinguer la méthode de raisonnement qu'ils y trouvent, éventuellement utile pour approfondir la foi, et le fond d'une doctrine qu'on peut excuser de n'avoir pas connu le christianisme : Aristote et Platon sont ainsi considérés comme des pré-chrétiens qui ont pressenti la Révélation.

Le christianisme avait été l'une des formes

Cette fresque de Raphaël au Vatican, dédiée au triomphe du christianisme, représente la statue du dieu païen tombant en morceaux devant le Christ en croix. D'abord persécutés, les chrétiens sortirent de la clandestinité lorsque leur religion fut autorisée. Ils transférèrent aux églises les biens des temples. Mais cette opération revêtit souvent l'aspect spectaculaire et violent d'un mouvement de foule.

d'opposition les plus radicales à l'Empire romain. A peine sorti de sa semi-clandestinité grâce à la politique de Constantin, il s'adapte parfaitement au monde romain. L'évêque rejoint les bureaucrates au sein de la classe dirigeante, et l'Église, d'une façon générale, calque son organisation sur celle de l'administration publique. Avec une rapidité surprenante, elle adopte la cause de la romanité; son discours se coule dans celui de la rhétorique antique, dont elle fait une arme de persuasion et de conversion. Le christianisme se veut ainsi le sauveur de l'Empire romain, de la philosophie et de l'éthique de la cité grecque. Dès le début du IVe siècle, les lettrés chrétiens, comme Eusèbe de Césarée, avaient mis leur talent au service de l'Empire.

L'universalisme adopté dès les premiers temps par le christianisme recouvre largement celui de l'Empire romain. La nouvelle religion fournit au pouvoir

Les évêques occupent une place capitale dans la chrétienté des premiers siècles, surtout tant que les moines n'ont pas confisqué la sainteté. Personnages essentiels dans la cité, ils gouvernent l'Église en se réunissant en conciles.

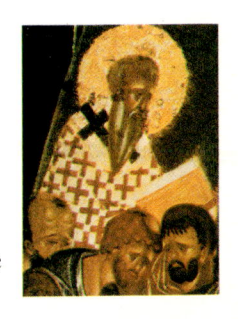

impérial sa théologie de l'Empire. Qualifié d'«égal aux apôtres», sans être à proprement parler clerc, l'empereur se distingue du fidèle ordinaire : il a le droit de prêcher, de pénétrer dans le sanctuaire lorsque, après le VIe siècle, celui-ci aura été fermé aux laïcs, de recevoir la communion sous les deux espèces. Il ne dispose pas de l'autorité dogmatique, qui appartient au concile, mais il est chargé de faire appliquer les lois religieuses. Depuis que Constantin a forcé les chrétiens à se réunir au concile de Nicée (325) pour régler leurs différends, l'empereur convoque et préside les conciles. Surtout, il contrôle le découpage des circonscriptions ecclésiastiques, donc des évêchés et métropoles.

Saint Démétrios, patron de Thessalonique et de sa cathédrale, figure avec un diacre sur cette mosaïque. Le saint était tenu pour responsable de la résistance héroïque et efficace que la cité avait opposée aux invasions slaves; ses hauts faits furent consignés dans un recueil de miracles populaire et maintes fois remanié.

Dans la hiérarchie de l'Église, le patriarche de Constantinople est promu au deuxième rang derrière le pape

L'empereur a imposé la promotion de l'archevêque de sa capitale au rang de patriarche (381); puis il lui fait accorder le second rang dans l'Église, derrière le pape (451). Une fois l'Occident abandonné, le patriarche de Constantinople deviendra le premier dignitaire ecclésiastique de l'Empire.

L'empereur le choisit dans une liste de trois noms dressée par le synode permanent des prélats présents à Constantinople, mais il procède à sa nomination par un cérémonial calqué sur l'investiture

PUISSANCE DU PATRIARCHE 115

d'un fonctionnaire. Certains patriarches résistent à la volonté impériale mais leur opposition ne peut durer : en 906, Nicolas Mystikos ferme ainsi la porte de Sainte-Sophie à Léon VI, qui a osé se marier une quatrième fois; six ans plus tard, il est destitué.

Église et pouvoir impérial s'épaulent sur le plan extérieur. Dans la Grèce reconquise au début du IXe siècle, la christianisation en langue grecque est le premier pas de l'assimilation dans l'Empire. Toute la population christianisée est appelée à faire partie de l'Empire, et le monde entier a vocation à être converti. Bien sûr, cette conception se heurte aux dures réalités. Dès le VIIIe siècle, le pape de Rome, naguère fidèle sujet, trahit l'Empire Universel en couronnant Charlemagne. Autre obstacle à l'harmonie : à partir du XIe siècle, les papes réformateurs défendent l'idée, étrangère à un Byzantin, de liberté de l'Église par rapport au pouvoir temporel, voire de supériorité du pouvoir spirituel. A cette époque déferle sur l'Empire menacé par les Turcs la marée des croisés : voilà un phénomène incompréhensible que ces soldats chrétiens qui tuent au nom du Christ et dont les prêtres, qui, déjà, ne portent pas la barbe, ceignent l'épée. Le comble est atteint en 1204 lorsque ces mêmes soldats du Christ prennent et pillent la première des villes chrétiennes, Constantinople.

Une religion populaire : l'Image et la Relique

Même si le politique garde son indépendance vis-à-vis de la religion, même si, en principe, le patriarche se

Grégoire le grand (page ci-contre), pape à la fin du VIe siècle, se considérait comme sujet byzantin. Mais l'évolution politique conféra l'indépendance à la papauté, désormais jalouse de sa primauté par rapport au patriarche. Le conflit éclata au XIe siècle entre Léon IX et Michel Cérulaire, qui figurent côte à côte sur cette miniature, mais ne se sont jamais rencontrés.

Les premiers siècles de l'Empire furent marqués par d'intenses conflits théologiques. Le concile de Nicée (325) condamna les Ariens : on les voit fuir ici, dans une homélie de Grégoire de Nazianze, qui les combattit. Les Nestoriens, condamnés en 431, restèrent nombreux en pays syriaque, dont la langue est celle de cet évangéliaire.

borne à couronner un empereur qu'il ne choisit pas, la religion occupe dans la vie des Byzantins une place centrale : elle ordonne non seulement leur temps, dans la journée, la semaine, l'année et toute la vie, mais aussi leur façon de penser. D'où l'impact profond de querelles théologiques qui, vues de l'extérieur, paraissent anodines : on discutait des rapports entre les natures humaine et divine du Christ dans les files d'attente des boulangeries. En 451, le concile de Chalcédoine rejette à la fois le nestorianisme et le monophysisme. Or ces hérésies, surtout la seconde, sont fortement implantées en Syrie et en Égypte. Au moment où renaît une conscience culturelle et nationale dans ces pays, le monophysisme en devient un vecteur essentiel, d'autant que le christianisme oriental laisse les fidèles célébrer l'office dans leur propre langue. Le rejet de l'orthodoxie constantinopolitaine rejoignait la

Saint Grégoire de Nazianze fut l'un des pères de l'Église les plus populaires. La consécration épiscopale, qu'il reçoit ici de la main de deux collègues, illustre l'un des plus anciens recueils conservés de ses « homélies », exécuté sur commande de l'empereur Basile Ier entre 880 et 886.

LES HÉRÉSIES 117

haine du fonctionnaire et du percepteur hellénophones. Au VIIe siècle, les Arabes sont ainsi accueillis comme des libérateurs et, pour le moins, sans résistance.

Après cette secousse, il faut attendre 843 pour que le christianisme oriental parvienne à trouver un compromis entre l'idée de perfection divine, qu'il est impossible d'appréhender et donc de décrire et représenter, et la soif de communication tangible avec Dieu qui anime la masse des populations. Les images sont ainsi apparues dès les premiers temps du christianisme dans un souci pédagogique et se sont développées avec la reconnaissance officielle de l'Église. Puis se diffuse le culte saint des reliques. Constantinople est plus célèbre encore pour ses reliques que pour ses icônes car elle en a recueilli une étonnante palette, particulièrement des objets ayant appartenu à la Vierge, patronne de la cité : sa ceinture, ou bien les vêtements ayant enveloppé le Christ nourrisson et comportant encore des traces du lait de Sa mère... Héraclius se glorifie moins d'avoir vaincu les Perses en 628 que de leur avoir repris la vraie Croix et de l'avoir réinstallée à Jérusalem. Quelques années plus tard, devant l'avance arabe, il fait transporter la relique à Constantinople, où elle rejoint, dans le Palais, sous la garde de l'empereur, l'éponge et la lance de la Passion. Les reliques des saints étaient moins célèbres, mais beaucoup plus nombreuses et largement diffusées. Très vite s'est imposée la règle qu'aucune

Les reliques occupent une grande place dans la foi des Byzantins ; à partir du IXe siècle, elles sont indispensables à la consécration d'une église. Les Byzantins en possèdent un grand nombre et de grande valeur. Certaines sont vétérotestamentaires, mais les plus précieuses sont directement liées à la Vierge ou au Christ, comme les instruments de la Passion. Les reliquaires sont souvent en eux mêmes des objets précieux.

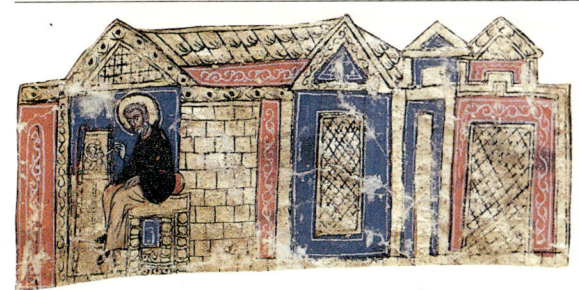

Le peintre est également un auxiliaire de la religion. Chargé de décorer la partie des églises non couverte de mosaïques, il produit aussi les portraits d'une sainte personne, ou de la Vierge et l'Enfant, sur panneau mobile, que chacun peut avoir chez soi.

église ne pouvait être consacrée sans reliques.

A part quelques privilégiés, le commun des croyants ne pouvait posséder de reliques chez lui. Dans cette recherche du contact direct et sensoriel avec le divin, l'image domestique, peinte à l'eau sur un petit panneau de bois, aisément transportable, fournit un substitut commode et se charge bientôt du pouvoir miraculeux réservé d'abord aux reliques. Puis, intégrée à la pratique religieuse individuelle, elle prend une dimension publique. Dans les années 560, pour collecter les fonds nécessaires à la reconstruction de l'église de Chamouliana, en Syrie du Nord, les prêtres, en procession solennelle, promènent à travers toute l'Asie Mineure leur icône du Christ. Ces processions jouent même un rôle décisif dans la défense des cités : la lettre du Christ au roi Abgar, gravée sur les portes d'Edesse, incendie les machines de siège perses en 554 ; en 717, pour délivrer Constantinople du siège arabe, on promène sur les murailles une icône de la Vierge et des reliques de la Croix. A ce point de dévotion, on ne s'étonnera pas que se développe la croyance en des images dites «acheiropoïètes», non faites de la main de l'homme : le Christ aurait peint lui-même l'icône de

Athanase, ici en pied dans l'église de Lavra, fut d'abord le plus réputé des professeurs de Constantinople au Xe siècle. Il se fit ensuite moine en Bithynie, auprès de Michel Maléinos, oncle du futur empereur Nicéphore Phocas. Athanase se lia d'amitié avec celui-ci, l'aida à reconquérir la Crète et alla fonder sur l'Athos le monastère de Lavra.

Chamouliana et gravé le texte de sa lettre sur les portes d'Edesse.

Devant la trop rapide adaptation de l'Église au monde romain, certains fuient le monde pour vivre seuls (*monos* en grec). C'est le début du monachisme.

Pour un Égyptien comme saint Antoine, le plus simple était de fuir au désert, tout proche. Mais cette vie d'ermite n'était pas adaptée aux seuls croyants dotés d'une nature héroïque. Très rapidement, saint Pachôme invente un autre mode de vie retirée, à plusieurs dans un monastère, c'est le cénobitisme. Dans toute l'histoire du monachisme byzantin, l'on retrouve ces deux tendances. L'érémitisme est toutefois considéré comme le stade supérieur de la vie contemplative et souvent l'abbé, ou *higoumène*, du monastère s'arrange pour vivre en ermite. Par ailleurs, si la plupart des monastères suivent plus ou moins les conseils de vie donnés au IVe siècle par Basile de Césarée ou au IXe siècle par Théodore Stoudite, chaque monastère a sa règle propre, définie par son fondateur dans la charte de fondation (*typikon*), et les monastères sont indépendants les uns des autres, et non regroupés en ordres. Le monachisme byzantin est volontiers anarchique.

Les moines se regroupent sur des montagnes, comme l'Olympe de Bithynie, d'autant plus élevées qu'ils sont plus saints.

Les moines et la sainteté

Pour devenir moine, il faut le plus souvent quitter la ville, encore que certains monastères restent urbains. Dès lors, moines et ermites jouent un rôle décisif dans la christianisation des campagnes, à laquelle l'église officielle primitive, essentiellement urbaine, était mal préparée. Faute de clergé paroissial, le moine devient la référence religieuse, auprès de qui l'on se rend pour chercher conseil et référence morale. Bien vite, sa pratique religieuse le fait considérer comme saint et lui fait attribuer des pouvoirs miraculeux. Après sa mort, et même parfois avant, le monastère qu'il a fondé devient un lieu de pèlerinage; sur son tombeau, l'on vient prier; de sa dépouille, transformée en relique, l'on attend qu'elle continue, et même multiplie, les miracles qu'il pratiquait de son vivant. De fait, si quelques prélats, comme Jean l'Aumônier, patriarche

Pour retrouver sa condition d'ermite menacée par l'afflux des disciples, fidèles ou simplement curieux, le moine monte toujours plus haut sur la montagne.

d'Alexandrie au début du VIIe siècle, ont été reconnus comme saints, la plupart de ceux qui accèdent à ce statut, accordé non par une institution, mais par la rumeur populaire, sont des moines.

En dehors du monastère, qu'ils quittent d'ailleurs très facilement pour devenir gyrovagues, les moines se distinguent du premier coup d'œil à leur habit noir. Et cet habit devient une présomption de sainteté. Pourtant, jusqu'au VIIIe siècle, les monastères, qui restent des institutions privées, ne sont pas riches. Faiblement dotés, conduits par des gens pour qui le souci de gestion est à l'inverse de leur vocation, ils ne vivent que de la générosité des fidèles qui viennent au monastère révérer la relique du saint ou une icône particulièrement célèbre.

Pour se rapprocher du ciel, certains choisissent de passer leur vie sur le sommet d'une colonne. Ici, le plus célèbre stylite syrien, saint Syméon.

L'iconoclasme et la victoire des moines

A l'aube du VIIIe siècle, la dévotion envers les images et les reliques atteint un paroxysme qui inquiète une partie de l'élite intellectuelle et politique : le miracle est proche de la magie, la vénération de l'image du Christ, de la Vierge et des saints confine à l'idolâtrie. Dans les cercles dirigeants comme dans certaines régions orientales particulièrement menacées par

L'Empereur préside au débat entre les évêques iconodoules (favorables aux images), nimbés d'une auréole, conduits par le patriarche Nicéphore (à sa gauche), et les évêques iconoclastes qui s'apprêtent à effacer une icône du Christ.

l'avance arabo-musulmane, se développe un mouvement de rejet des Images, l'iconoclasme. Les empereurs Léon III (717-741) et Constantin V (741-775) tentent de l'imposer à des sujets pour le moins divisés, ce qui provoque, jusqu'en 843, une lutte implacable, la majorité des moines prennent le parti des icônes et reliques, qui les font vivre. Le rétablissement des images en 843 marque leur triomphe; dès lors, les monastères se multiplient et s'enrichissent. Il ne s'agit pas pour autant d'un retour à l'état antérieur : désormais, le statut de l'image est clairement défini et limité.

L'iconoclasme remplaça les personnages par des croix et des motifs stylisés; la plupart de ces décorations ont disparu, sauf dans les églises rupestres de Cappadoce. Celles-ci, établies dans les grottes des pitons rocheux dominant le plateau du centre de l'Anatolie, en des refuges inaccessibles, n'ont pas été modifiées après 843. Ces mêmes habitats troglodytes servirent de refuge aux chrétiens à partir du XIe siècle face à l'invasion turque.

Les trois niveaux de l'Église

L'Église byzantine se divise alors en trois parties. D'abord un haut clergé de grande qualité, issu pour une part du monachisme et pour l'autre de la haute administration, appartenant en quasi totalité à une aristocratie férue de culture antique. Puis, pour le soin des âmes, un bas clergé séculier, souvent recruté de père en fils parmi les paysans du village, certes très proche des fidèles, mais que sa médiocrité empêche de répondre aux aspirations des laïcs. Enfin, les moines. Les villageois, comme les habitants des villes, se tournent en effet vers le «saint homme», retiré dans un monastère, pour chasser les sauterelles, faire rentrer la rivière dans son lit ou, au contraire, faire tomber la pluie. Mais le monachisme lui-même constitue une puissance composite. Les plus grands établissements, riches et influents, comme ceux qui se développent au Mont Athos en Grèce à partir du Xe siècle, sont peuplés par ces fils de l'aristocratie qui monopolisent les fonctions dans l'administration civile et ecclésiastique et accumulent des fortunes foncières considérables; les plus petits au contraire, misérables, créés souvent par de simples villageois, survivent rarement à leur fondateur et disparaissent ou deviennent les annexes («métoques») de monastères plus puissants.

Pour le Byzantin, en tout cas, il n'y a aucun doute: celui qui peut intercéder en sa faveur, le guérir

Le mont Athos a conservé la tradition du monachisme byzantin telle qu'elle a été fixée à partir du Xe siècle sous l'impulsion d'Athanase. Les moines partagent leur vie entre l'érémitisme – le moine passe la semaine isolé dans sa cellule – et le cénobitisme, ils se rassemblent le samedi et le dimanche pour les repas et les offices. L'ensemble des monastères constitue une république; les higoumènes se réunissent périodiquement à Karyès, au centre de la presqu'île, sous la conduite du prôtos.

physiquement et moralement, qui est proche de Dieu et parviendra à Son royaume, ce n'est ni le curé, ni même l'évêque, mais le moine. De même que les icônes qu'il vénère sont l'image du Christ, de la Mère de Dieu (*Théotokos*) et des saints, de même la vie monastique représente à ses yeux l'image de la vraie vie chrétienne. A la différence de l'Empereur,

Le monastère d'Esphigménou, sur la côte est, se ravitaille toujours par mer.

lieutenant de Dieu sur terre, mais trop éloigné du peuple, le saint homme est tout proche, on peut le voir, le toucher, ou toucher ses reliques. De là vient son pouvoir sur le peuple byzantin : porteur privilégié de la grâce divine, il devient le dispensateur de ce à quoi tout chrétien aspire – et tous les Byzantins sont, avant tout, chrétiens – le Salut.

Pourtant, malgré les prières des moines, malgré les reliques les plus saintes et les icônes les plus sacrées, mille cent vingt-trois ans et dix-huit jours après son inauguration, Constantinople tombe aux mains des Turcs ; avec elle disparaît la dernière trace de la romanité. Cet Empire qui a fasciné tant de générations d'Occidentaux et d'Orientaux a tenu une place décisive dans la transmission de l'héritage gréco-romain, d'abord vers le monde arabo-musulman, puis vers l'Occident chrétien. Surtout, il a donné naissance, en Europe centrale, à la chrétienté orthodoxe, qui, à chaque renaissance, va chercher sa force dans le souvenir de cet éclatant passé.

Le Conquérant, Mehemet II ne fut pas un tyran sanguinaire. Malgré la résistance acharnée et désespérée des chrétiens, il sut se montrer relativement tolérant à leur égard et fit aussitôt de leur cité la capitale de l'Empire ottoman. Il réussit là où les califes de Damas et de Bagdad avaient échoué, et fut sensible à un mythe qui avait animé l'Islam et qu'il réalisait enfin : la prise de Constantinople.

LA FIN DE L'EMPIRE CHRÉTIEN D'ORIENT 127

128

TÉMOIGNAGES
ET DOCUMENTS

Description de Constantinople

Ville cosmopolite et capitale d'un grand empire, Constantinople attirait de nombreux étrangers. Sa richesse, son luxe fascinèrent ceux qui, de gré ou de force, la visitèrent. Les descriptions de la ville se sont ainsi multipliées au cours des siècles. Ainsi Harun ibn Yahya au Xe siècle, prisonnier de guerre et bien traité, pouvait-t-il visiter la ville et se rendre à la mosquée…

Constantinople est une grande ville de douze parasanges sur douze, leur parasange étant, à ce qu'on dit, d'un mille et demi. Elle est entourée par la mer du côté de l'Orient; du côté de l'Occident s'étend la campagne par laquelle passe la route de Rome. Elle a une enceinte fortifiée. La porte qu'on franchit pour prendre la route de Rome est d'or; à côté se tiennent des gens chargés de la garder et on l'appelle la Porte d'Or. Sur la porte se dressent cinq statues représentant des éléphants et une autre représentant un homme debout qui tient les éléphants par la bride. Elle a une autre porte du côté de la presqu'île, appelée Porte Bîgas, endroit où l'empereur se rend pour se distraire. C'est une porte de fer. Près de l'église qui est au milieu de la ville est le balât (palais) de l'empereur, qui est un château. A côté de lui est un endroit appelé al-Budrun (l'hippodrome) semblable à un champ de courses (maidân), où se rendent et s'assemblent les patrices; de son palais, situé au milieu de la ville, l'empereur les voit. Dans le palais sont des idoles fondues en bronze, ayant la forme de chevaux, d'hommes, d'animaux sauvages, de lions, etc; à l'ouest de l'hippodrome, du côté de la Porte d'Or, il y a deux portes vers lesquelles on amène quatre chevaux. Sur le chariot montent deux hommes revêtus de vêtements d'étoffe brochée d'or : on laisse alors courir les chevaux avec les chariots attelés derrière eux, ils franchissent les portes en question et tournent trois fois autour de ces idoles. Au cocher qui est arrivé avant son compagnon, on jette, de la maison de l'empereur, un collier d'or et un livre d'or. Tous les habitants de Constantinople assistent à ces courses et les regardent.

Autour du palais de l'empereur est un

mur unique qui entoure tout le palais et qui a une parasange de circonférence. Un de ses côtés, dans la direction de l'Occident, touche à la mer. Ce mur a trois portes de fer appelées l'une Porte de l'Hippodrome, l'autre Porte d'al-Mankana, la troisième Porte de la mer. Par la Porte de l'Hippodrome, on pénètre dans un vestibule long de cent pas et large de cinquante. Des deux côtés du vestibule sont des estrades où sont disposés des tapis de brocart, des matelas et des coussins sur lesquels se tiennent des Noirs christianisés, porteurs de boucliers recouverts d'or et de lances rehaussées d'or. Par la Porte d'al-Mankana, on entre dans un vestibule de cent pas de longueur et cinquante de largeur, pavé de marbre et des deux côtés duquel sont placées des estrades sur lesquelles sont des Khazars ayant des arcs à la main. Dans le vestibule il y a quatre prisons, l'une pour les Musulmans, l'autre pour les gens de Tarse, une autre pour le peuple et une quatrième à la disposition du chef des gardes. Par la Porte de la mer, on entre dans un vestibule de trois cents pas de long sur cinquante de large, pavé de carreaux rouges. A droite et à gauche sont des estrades recouvertes de tapis, sur lesquelles se tiennent des Turcs armés d'arcs et de boucliers. Après avoir traversé le vestibule, on arrive à une cour de trois cents pas (de large), puis au rideau suspendu devant la porte qui conduit à la résidence. A gauche pour celui qui entre, est l'église de l'empereur, qui a dix portes, quatre d'or et six d'argent.

Dans la loge où se tient l'empereur, il y a un emplacement de quatre coudées sur quatre incrusté de perles et de rubis. L'accoudoir sur lequel il s'appuie est de même incrusté de perles et de rubis. La porte de l'autel a quatre colonnes de marbre sculptées d'une seule pièce. L'autel sur lequel le prêtre fait la prière a cinq ampans de long sur six de large et il est composé d'une pièce de bois d'aloès incrustée de perles et de rubis : le prêtre et l'empereur se tiennent devant. Tous les plafonds de l'église sont voûtés et sont en or et en argent. Il y a dans cette église quatre cours dont chacune a deux cents pas de longueur sur cent de largeur. Dans la cour est se trouve un bassin creusé dans le marbre, de dix coudées de largeur sur dix de hauteur, et dressé sur le sommet d'une colonne de marbre qui s'élève à quatre coudées au-dessus du sol. Au-dessus a été construite une coupole de plomb surmontée d'une autre coupole d'argent que supportent douze colonnes de quatre coudées chacune de hauteur. Au sommet de chacune de ces colonnes sont des statues d'animaux représentant, sur la première un faucon, sur la seconde un agneau, sur la troisième un taureau, sur la quatrième un coq, sur la cinquième un lion, sur la sixième une lionne, sur la septième un loup, sur la huitième une perdrix, sur la neuvième un paon, sur la dixième un cheval et sur la onzième un éléphant; sur la douzième est la statue d'un ange.

Près de cette coupole, dans cette cour, à deux cents pas, est une citerne d'où est amenée l'eau à ces statues placées au sommet des colonnes. Aux jours de fête, on remplit cette citerne du contenu de dix mille amphores de vin et mille de miel blanc qu'on verse dans le vin. On parfume également ce vin avec du nard, de la girofle et du cinname dans la proportion d'une charge de chameau. La citerne est couverte de sorte qu'on n'en peut rien voir. Quand l'empereur sort de son palais pour entrer à l'église ses yeux tombent sur ces statues et sur le vin qui s'écoule de leurs bouches et de leurs oreilles, et s'amasse dans le bassin qu'il remplit et chacune des personnes de l'entourage de l'empereur qui sont venues assister avec lui à la fête prend une gorgée de ce vin. [...]

Dans la direction de la Porte d'Or de la ville, on voit la voûte d'un arc construit au milieu du Forum de la ville, sous lequel sont deux idoles dont l'une fait un signe de la main et semble dire : viens! L'autre fait également un signe et semble dire : attends un moment! Ce sont deux talismans. On amène les prisonniers pour lesquels on attend la délivrance et on les arrête entre ces deux idoles. En même temps un messager va avertir l'empereur. Si, quand le messager revient, les prisonniers sont toujours arrêtés, il les amène à la prison. Si au contraire le messager les trouve de l'autre côté des deux idoles, ils sont mis à mort et on n'en épargne aucun.

Constantinople a un aqueduc qui vient d'un pays appelé Bulgar. Ce fleuve *(sic)* coule vers la ville sur une distance de vingt jours (*de marche*) et en entrant dans la ville se divise en trois branches. L'une va vers le palais du roi, une autre vers les prisons des musulmans et la troisième vers les bains des patrices et du reste des habitants. Car ils boivent une eau qui est moitié salée, moitié douce.

Les Bulgares combattent les Rûm et les Rûm les combattent. Hirun dit qu'aux environs de Constantinople se trouve un couvent appelé monastère du sauveur (Dair satira) où habitent cinq cents moines. Le fleuve qui entre dans la ville et se partage en trois branches passe au milieu du monastère.

Harun ibn Yahya
Description de Constantinople
Ed. A. A. Vasilier
Bruxelles, 1950

L es Turcs ont conservé l'esprit de l'architecture byzantine pour leurs mosquées, en y ajoutant des minarets.

TÉMOIGNAGES ET DOCUMENTS 133

Une réception chez l'Empereur

Les fastes de l'Empire byzantin ont profondément marqué les Occidentaux, en même temps qu'ils attisaient leurs envies.
L'évêque de Crémone, envoyé en ambassade à Constantinople par l'empereur germanique Otton Ier en 968, décrit dans le rapport adressé à celui-ci, la réception que lui a réservée Nicéphore Phocas.

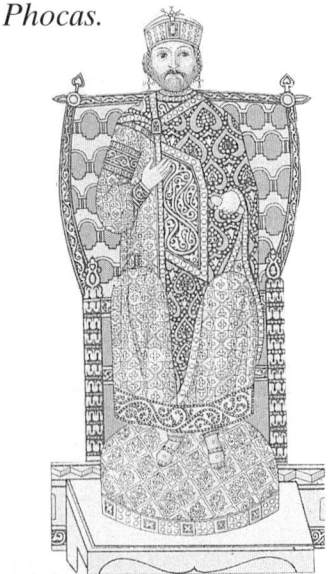

Ô Otton,[...] si vous n'avez pas reçu plus tôt de moi une lettre ou un messager, vous allez en avoir l'explication. Nous sommes arrivés à Constantinople le premier des nones de juin, et si l'accueil honteux qu'on nous a réservé est outrageant pour vous, la honteuse manière dont on nous a traités nous a été bien pénible; car on nous a enfermés dans un vaste palais ouvert à tous les vents, aussi impropre à protéger du froid qu'à garantir de la chaleur; on y a posté en sentinelles des militaires en armes, chargés d'interdire aux miens de sortir et à tous autres d'entrer. Dans cette demeure, pas une âme qui vive, sauf nous qui en étions prisonniers; le palais en était si loin que, contraints de nous y rendre à pied et non à cheval, nous en avions le souffle coupé. Pour comble d'infortune, le vin grec, mélangé de poix, de résine et de plâtre, nous a paru imbuvable. Il n'y avait pas une goutte d'eau dans la maison, et nous ne trouvâmes pas même à en acheter pour étancher notre soif...

Le 7 des ides, saint jour de la Pentecôte, je fus conduit... devant (l'empereur) Nicéphore; c'est un homme absolument monstrueux, un pygmée à la tête énorme, que ses petits yeux font ressembler à une taupe, encore enlaidi par une barbe courte et large, épaisse, grisonnante; affligé d'un cou pas plus gros que le doigt; ses cheveux longs et drus lui font tout à fait une tête de cochon; il a un teint d'Ethiopien, et l'on n'aimerait pas le rencontrer au milieu de la nuit; un énorme ventre, le derrière sec. Les cuisses fort longues pour sa courte taille, de petites jambes, les chevilles et les pieds à l'avenant; couvert d'un vêtement d'apparat, mais fort usé, déformé et décoloré par le temps, chaussé à la Sicynienne, le verbe insolent, fourbe comme un renard,

Les mariages à la Cour étaient aussi l'occasion de réceptions fastueuses.

parjure et menteur comme Ulysse.
Ô mes empereurs augustes, toujours si beaux à mes yeux, combien ici je vous ai trouvés plus beaux! toujours puissants, combien plus puissants ici! toujours doux, combien plus doux ici! toujours pleins de vertu, combien plus encore ici!...

Ce même jour, il ordonna que je fusse de ses convives. Toutefois il ne me jugea pas digne de passer avant aucun des grands de sa cour, et c'est à quinze places de lui, sans nappe, que je dus m'asseoir. Au cours de ce repas qui fut long, obscène, plein de saouleries, assaisonné à l'huile et arrosé de certaine affreuse liqueur de poisson, il me posa force questions sur votre puissance, sur vos États, et vos guerriers... (et il me dit) en manière d'insulte : «Vous n'êtes pas des Romains, mais des Lombards!»... et moi, indigné : «Romulus, dis-je, de qui les Romains tiennent leur nom, était un fratricide, un porniogénète (un enfant de l'adultère), l'histoire le prouve; et elle dit aussi qu'il a ouvert un asile où il a accueilli les débiteurs insolvables, les serfs fugitifs, les assassins, les condamnés à mort; qu'il s'est entouré d'une foule de gens de cette sorte, qu'il les a appelés Romains; et c'est d'une pareille noblesse que sont sortis ceux que vous nommez Kosmokratores (empereurs); ces gens-là, nous, Lombards, Saxons, Francs, Lorrains, Bavarois, Suèves, Burgondes, nous les méprisons tellement que, quand nous sommes en colère, nous n'avons pas pour nos ennemis d'autre insulte que ce mot : «Romain!», comprenant dans ce seul nom de Romain toute bassesse, toute lâcheté, toute cupidité, toute débauche, tout mensonge, pis encore, un abrégé de tous les vices...»

Ed. E. Pognon
Paris, 1947

Le butin des croisés

Anne Commène, fille de l'empereur Alexis Ier (1081-1115), reflète pour nous l'opinion de l'aristocratie byzantine sur les croisés. Une certaine admiration pour leur courage ne compense pas la surprise et le mépris devant ces barbares, pourtant chrétiens.

Le basileus fit appeler Bohémond (1) et lui demande de prêter lui aussi le serment habituel aux Latins. Bohémond, conscient de son état, savait qu'il n'était point issu d'illustres aïeux, qu'il était mal pourvu d'argent et par conséquent de troupes, et qu'il n'avait à sa suite qu'un très petit nombre de Celtes; comme par ailleurs il était parjure de nature, il se soumit avec beaucoup d'empressement à la volonté de l'autocrator. Quand ce fut fait, le basileus choisit une salle de son palais et fit étaler sur le sol des richesses de toute sorte, vêtements, monnaie d'or et d'argent, objets de moindre valeur; il avait tellement rempli la pièce qu'il était impossible d'y faire un pas, parce qu'on était bloqué par l'encombrement de ces choses. Au fonctionnaire chargé de montrer ces richesses à Bohémond, l'empereur avait recommandé d'ouvrir subitement les portes toutes grandes. La vue de ces trésors éblouit le visiteur, qui s'écria : «Si je possédais tant de richesses je serais depuis longtemps seigneur de bien des pays.» «Tout cela aujourd'hui, répartit l'autre, est à toi, par la grâce du basileus.» Bohémond accepta au comble de la joie, et après avoir remercié, partit se reposer là où il était descendu. Mais quand on apporta les trésors, lui qui avait d'abord été ravi, avait changé d'humeur : «Que pareil mépris, dit-il, me vînt du basileus, je ne l'aurais jamais cru; reprenez ces richesses et reportez-les à celui qui vous envoie.» Le basileus, qui connaissait le caractère inconstant des Latins, répliqua par ce dicton populaire : «Qu'une mauvaise chose retourne à son auteur.» Quand Bohémond entend cette réponse et voit revenir en toute diligence les porteurs chargés de leur fardeau, il change à nouveau d'avis et lui, qui un moment plus tôt avait renvoyé ces présents en manifestant de l'indignation, montre à ceux qui reviennent un visage souriant, telle une pieuvre qui se transforme en un instant. Car par sa nature cet homme était un coquin, plein de souplesse devant les événements, supérieur en fait de friponnerie et d'audace à tous les Latins qui traversaient alors l'empire, autant qu'il leur était inférieur en troupes et en argent; mais s'il surpassait tout le monde par le degré de sa perversité, l'inconstance, caractéristique naturelle des Latins, était aussi bien son propre. Voilà pourquoi lui, qui avait refusé les présents, les acceptait maintenant avec le plus grand plaisir. Il était en effet mal intentionné : parce qu'il ne possédait pas le moindre apanage, il quittait son pays; en apparence pour vénérer le Saint-Sépulcre, en réalité dans l'intention de se tailler une principauté, et mieux, si cela lui était possible, de s'emparer de l'empire des Romains lui-même suivant les conseils de son père; mais à qui veut faire jouer tous les ressorts, comme dit le proverbe, il faut beaucoup d'argent. L'autocrator, qui connaissait son hostilité et ses mauvaises dispositions, eut grand soin d'écarter habilement tout ce qui aurait pu servir ses secrets desseins...

Alexiade - Livre X
Ed. par B. Leib
Paris, 1943

(1) Bohémond de Tarente, fils du duc normand d'Italie du Sud Robert Guiscard, joua un rôle important dans la première croisade; s'étant emparé d'Antioche au nom de l'Empereur, il refusa de la rendre à Alexis Ier.

Robert de Clari fait partie des croisés qui prirent Constantinople en 1204.

I. Le butin

On commanda que tout le butin fût apporté à une abbaye qui était dans la ville. L'on choisit dix chevaliers hauts hommes parmi les pèlerins et dix Vénitiens, que l'on considérait comme loyaux, et on les commit à la garde de ce butin. Et je ne crois pas, quant à moi, que dans les quarante plus riches cités du monde, il y aurait autant de richesses qu'on en trouva à l'intérieur de Constantinople. Et d'ailleurs, les Grecs attestaient que les deux tiers de la richesse du monde se trouvaient à Constantinople, et le troisième tiers épars dans le monde. Et ceux-là mêmes qui devaient garder le butin, ceux-là prenaient les joyaux d'or et ce qu'ils voulaient, et ils volaient le butin; chacun des riches hommes prenait ou des joyaux d'or ou des étoffes de soie brodées d'or, ou ce qu'il aimait le mieux, et puis il l'emportait. C'est de cette façon qu'ils commencèrent à voler, si bien qu'on ne fit jamais de partage pour le commun de l'armée, ou les pauvres chevaliers ou les sergents qui avaient aidé à gagner le butin, sauf pour le gros argent, comme les bassines d'argent que les dames de la cité emportaient aux bains. Et le reste du bien qui était encore à partager fut dilapidé vilainement, comme je vous l'ai dit, mais les Vénitiens en eurent néanmoins leur moitié; quant aux pierres précieuses et au grand trésor qui restait à partager, tout cela s'en alla vilainement, comme nous vous le dirons après…

II. Merveilles et reliques

Le palais de Bouke de Lion était riche et fait comme je vais vous le dire. Il y avait bien, dans ce palais, que le marquis occupait, cinq cents appartements qui se tenaient tous l'un à l'autre, et ils étaient tous faits de mosaïque d'or, et puis il y avait bien trente chapelles, tant grandes que petites; et puis il y en avait une que l'on appelait la Sainte-Chapelle, qui était si riche et noble qu'il n'y avait ni gond, ni verrou, ni aucune pièce ordinairement en fer, qui ne fût tout en argent, et puis il n'y avait pas de colonne qui ne fut ou de jaspe, ou de porphyre, ou de riches pierres précieuses. Dans cette chapelle, on trouva de fort riches reliques, car on y trouva deux morceaux de la vraie Croix aussi gros que la jambe d'un homme et longs environ d'une demi-toise…

Dans le palais des Blachernes, on trouva un fort grand trésor et fort riche, car on y trouve les riches couronnes qui avaient appartenu aux empereurs précédents et les riches joyaux d'or, et les riches étoffes de soie brodée d'or, et les riches robes impériales, et les riches pierres précieuses et tant d'autres richesses que l'on ne saurait dénombrer le grand trésor d'or et d'argent qu'on trouva dans le palais et dans beaucoup d'autres lieux ailleurs dans la cité. Après les pèlerins considérèrent la grandeur de la ville, et les palais et les riches abbayes, et les riches monastères, et les grandes merveilles, qui étaient dans la ville, et ils s'en émerveillèrent fort vivement, et ils s'émerveillèrent beaucoup du monastère de Sainte-Sophie et de la richesse qui y était...

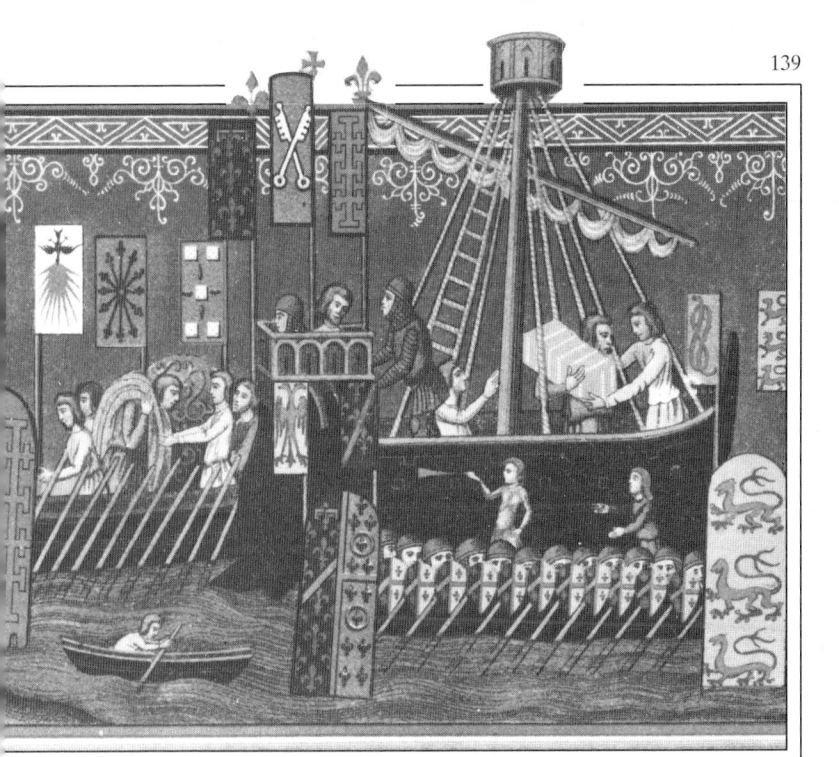

Il y avait dans un autre endroit de la ville une porte qu'on appelait la Porte Dorée. Sur cette porte il y avait deux olifants fondus en cuivre, qui étaient si grands que c'en était une pure merveille. Cette porte n'était jamais ouverte, sauf lorsque l'empereur revenait de bataille et qu'il avait conquis une terre. Alors le clergé de la cité venait en procession à la rencontre de l'empereur, et puis on ouvrait cette porte, et puis on lui amenait un «curre» d'or qui était fait comme un char à quatre roues et qu'on appelait «curre»; dedans au milieu de ce «curre», il y avait un haut siège, et sur le siège une chaire, et autour de la chaire il y avait quatre colonnes qui portaient un édifice qui ombrageait la chaire, et dont on aurait dit qu'il était tout en or. Alors l'empereur s'asseyait dans cette chaire tout couronné, et puis entrait par cette porte, et puis on le menait sur ce «curre» avec grande joie et grande fête jusqu'à son palais...

Chronique de Robert de Clari
Ed. N.Coulet, Paris, 1966

Byzance et le byzantinisme

Historienne et écrivain, Zoé Oldenbourg montre une grande compréhension de la civilisation byzantine; elle rompt ainsi avec une tradition, née à l'époque des Lumières mais encore présente dans le langage courant, de mépris envers une civilisation condamnée sans être connue.

Les croisés reprochaient aux Grecs leur «mollesse», leur répugnance pour le métier des armes. En fait, à lire Anne Comnène et les autres historiens grecs de l'époque, on ne le croirait guère; Byzance ne manquait pas de batailleurs enragés et foudres de guerre comparables à un Baudoin ou un Bohémond. Ils étaient, il est vrai, moins nombreux qu'en Occident, et beaucoup de nobles grecs préféraient les joies de la spéculation théologique, de la littérature, ou simplement de la vie mondaine à celles de la guerre. Or, la noblesse occidentale, dont la guerre était le seul métier, était si peu capable de comprendre cela qu'elle méprisait de tout son cœur ces nobles «efféminés» : si ces gens ne faisaient pas la guerre, c'est que, de toute évidence, ils étaient des lâches. (On pourrait dire qu'à un moment où leur pays avait à tel point besoin de soldats, ces patriciens eussent mieux fait de se vouer au métier des armes, ce à quoi le gouvernement les incitait sans cesse. Mais enfin, dans cette société-là, s'intéresser à autre chose qu'à la guerre ne passait pas pour un déshonneur, et le fait en lui-même n'est pas encore un signe de dégénérescence.)

Byzance, perpétuellement attaquée, perpétuellement en guerre, était à cours de soldats d'origine grecque par suite de la maladroite politique des successeurs de Basile II, qui avaient jugé bon de réduire les crédits et privilèges accordés à l'armée, par crainte d'un coup d'État militaire. Il s'agissait là d'une mesure administrative, plutôt que de la carence du peuple et de la noblesse grecs, mais le fait était là : la puissante armée de Byzance était, au XIe siècle, en majorité composée de mercenaires étrangers, et même une partie des généraux était d'origine étrangère. Certains de ces mercenaires étaient une véritable plaie pour l'Empire (les Turcs, les Petchenègues, les Normands), puisqu'ils étaient recrutés justement parmi les peuples auxquels les Grecs faisaient la guerre.

Comment les croisés ne se fussent-ils pas indignés en voyant cet état de choses ? Si les princes latins se servaient également de mercenaires, le meilleur de leurs armées était composé de vassaux qui les servaient par hommage et serment ; et si ce système présentait aussi des inconvénients, du moins ne pouvait-on reprocher à la noblesse franque de ne pas aimer se battre.

Les Byzantins ne pouvaient comprendre cette exaltation exclusive, excessive, du courage physique, qui pour les Occidentaux était une vérité première : la valeur d'un homme était, avant tout, sa valeur en armes. Pour les Grecs, c'était là une vertu estimable, certes, mais dont le premier mercenaire venu pouvait donner l'exemple – ils étaient trop habitués à acheter l'héroïsme à prix d'or. Le basileus et les grands seigneurs grecs étaient tenus d'être de bons militaires ; ils eussent été bien fâchés de n'être que cela – ils se devaient d'être également théologiens, lettrés, voire poètes, juristes, musiciens… d'être au courant de tous les raffinements de l'étiquette des cours, de rivaliser avec les prélats dans les joutes philosophiques. L'idéal de l'«honnête homme» du XVIIe siècle leur eût paru grossier et superficiel ; les Grecs, héritiers de la plus vieille civilisation européenne, ne faisaient pas les choses à moitié. (S'il ne s'agissait là que d'un idéal, et si la haute société de Byzance n'était pas toute composée d'hommes capables d'assimiler une culture aussi vaste, on peut dire que c'était là une société authentiquement cultivée, au sens moderne du mot.)

Or, en Occident, on ne pouvait encore concevoir l'idée d'une telle culture ; celle même des ecclésiastiques était relativement bornée et fragmentaire ; les grands seigneurs étaient pratiquement illettrés. D'où le reproche de «byzantinisme» adressé aux Grecs – on a tendance à mépriser les valeurs qu'on ignore. Comment, aux yeux des Grecs, les Latins n'eussent-ils pas passé pour des barbares ?

A Byzance, non seulement l'aristocratie, mais le peuple étaient parvenus à un niveau de culture qu'on ne rencontrait guère à l'époque que dans les grandes cités musulmanes – Bagdad ou Le Caire. On connaît la passion du petit peuple de Constantinople pour les discussions théologiques. Les maçons, les porteurs d'eau et les marchands de quatre-saisons se passionnaient pour les questions de dogme comme aujourd'hui ils eussent discuté politique ; encore leur fallait-il être doués de sens critique et de curiosité intellectuelle. La curiosité intellectuelle est un facteur de désagrégation ; elle est en même temps une indiscutable richesse.

Les croisés se montrèrent insensibles aux qualités intellectuelles des Grecs ; ce qui les frappait surtout, c'est le fait que les Grecs ne se battaient guère et laissaient des étrangers se battre à leur place. Les Grecs étaient riches ou passaient pour tels, et il entrait beaucoup d'envie dans les sentiments d'hostilité qu'on éprouvait à leur égard. Ils achetaient du sang, des vies humaines avec de l'argent ; ils exigeaient pour leur argent la fidélité qu'un homme doit à son seigneur naturel ou à sa patrie ; ils s'imaginaient que tout s'achète. Or, les croisés, justement, venaient de donner une belle preuve de leur mépris de l'argent en vendant leurs biens, en quittant leur pays, pour le privilège de servir Dieu. Ils ne pouvaient pardonner à Alexis Comnène de traiter la croisade comme une affaire.

Les Grecs ne méprisaient ni la bravoure ni le métier de soldat. Leur système de fortifications, leur flotte de guerre, leurs machines, leur artillerie étaient à l'avant-garde du progrès pour l'époque. L'Empire était toujours en guerre, sur terre et sur mer. Au cours du XIe siècle, ce furent surtout des guerres défensives – souvent malheureuses. Et les récits des historiens de l'époque ne vibrent pas d'enthousiasme guerrier; ils révèlent cependant, pour tout ce qui touche à la guerre, un intérêt profond et passionné; et même Anne Comnène, une femme, se transforme en ingénieur, en stratège, pour nous décrire en détail le fonctionnement de l'arbalète, l'aménagement d'un camp retranché, le déroulement d'une bataille navale. Et il lui arrive de parler d'un chef d'armée avec la même précision tranquille, comme si elle décrivait une machine de guerre... Non, les Grecs étaient aussi des guerriers, à coup sûr, et possédaient dans ce domaine-là une vieille expérience, une énergie encore très appréciable, et une agressivité dont le fils d'Alexis, Jean, allait donner la pleine mesure.

Zoé Oldenbourg
Les Croisades
Gallimard
Paris, 1965

En 1204, les croisés installent sur le trône de Constantin Baudoin de Flandre; l'Empire latin de Constantinople dura 57 ans.

TÉMOIGNAGES ET DOCUMENTS 143

144 TÉMOIGNAGES ET DOCUMENTS

La défense du dogme

L'Empereur est le lieutenant de Dieu sur terre, l'Empire est l'image terrestre du royaume céleste.
Aussi la religion est-elle inextricablement imbriquée dans l'Etat.
Ainsi l'Epanogôgè (introduction), promulguée par Basile Ier dans les années 880, comporte, fait unique dans la législation romaine, treize titres de Droit public.

[...] Titre II - De l'empereur

4. L'Empereur a l'obligation de défendre et de maintenir d'abord toutes les prescriptions de la Sainte Ecriture, puis les dogmes énoncés par les sept Saints Conseils, ainsi que les lois «romaines» reconnues.

5. L'Empereur doit être excellent dans l'orthodoxie et la piété, éclatant dans son zèle divin, en ce qui concerne les dogmes relatifs à la Trinité, aussi bien qu'en ce qui concerne les décrets touchant l'économie selon la chair de notre Seigneur Jésus-Christ : la consubstantialité (*homoousion*) de la divinité trishypostatique, et l'union hypostatique des deux natures dans un même Christ, qui est de façon inconfondible et indivisible parfaitement

Dieu et parfaitement homme, avec ce qui en découle : impassible et passible, incorruptible et corruptible, invisible et visible, intangible et tangible, illimité et limité; ainsi que la dualité incontestable des volontés et des énergies; et enfin indescriptible et descriptible.

Titre III - Du Patriarche

4. Le patriarche a pour devoirs particuliers d'enseigner; de traiter sans crainte sur pied d'égalité les puissants et les humbles; d'être bienveillant quand il juge, mais de reprendre fermement les endurcis; de s'exprimer sans peur devant l'Empereur quand il s'agit de proclamer et de défendre les dogmes.

5. Ce que les Anciens, les Pères et les Conciles ont ordonné et disposé, le patriarche seul doit l'interpréter.

6. Ce que les anciens Pères, dans les conciles ou dans leur ressort, généralement et particulièrement, ont accompli et aménagé, le patriarche seul peut l'apprécier et le modifier.

7. Les anciens canons, les anciennes décisions et dispositions restent valables et en vigueur dans la suite des temps, pour les individus s'entend et pour les cas auxquels ils s'appliquent.

Epanogôgè
Ed. P. et J. Zepos,
Sur Graeco-Romanum,
Athènes, 1931

Depuis Constantin, l'Empereur préside le concile, et les évêques, qui l'entourent ici, définissent le dogme.

Iconodoules contre iconoclastes

Moine à l'Olympe de Bithynie, Iôannikios fut l'un des principaux défenseurs des images durant le second iconoclasme (815-842), notamment durant le règne de Léon V (813-820). Pourtant, à l'origine, il était iconoclaste, comme la plupart des soldats de l'armée centrale.

c. 1 Sa patrie était la province de Bithynie, village de Marykatos, sur la rive nord du lac d'Appolonias... A dix-neuf ans, il fut versé dans le contingent des excubiteurs, dix-huitième bande, par le choix du tyran... Il était soumis, avec ses parents, à l'hérésie iconoclaste, ennemie de la juste conception de Dieu et de Jésus-Christ. Ce fléau, qui s'est abattu sur l'Eglise, est né de l'invention du père de celui qui tenait le sceptre, Constantin, ou, pour mieux dire, est né du conseil et de la complicité du premier des iconomaques, leur père Satan...

c. 5 [*En 789/90, revenant d'un cantonnement en Orient et passant par l'Olympe, un peu à l'Est de son village, Iôannikios rencontre un vieillard*]

«Mon fils Iôannikios, dit-il, jusqu'à quand vas-tu errer dans les ténèbres de l'hérésie? Si tu es chrétien, vénère et aime la juste conception dans les peintures et les images du Christ et vis vertueusement. Si tu ne le fais pas, tu portes en vain le nom de chrétien, puisque tu n'honores pas le signe visible du Christ incarné.» Iôannikios, grand serviteur de Dieu, fut très frappé de cette exhortation et de ce que toutes ses actions semblaient manifestement impies : il tomba aux pieds (du vieillard) et demanda pardon pour son péché d'impiété, commis par ignorance. Il promit d'embrasser et d'aimer avec foi l'image du Christ, celle de la Vierge qui l'enfanta et celles des apôtres, des martyrs et des saints et de mériter des louanges en prenant le chemin qui mène au salut. Donc, à partir de ce moment, celui que nous célébrons s'attacha pieusement et vertueusement à vivre dans le jeûne, la prière et les larmes, couchant à même le sol; il entrait souvent dans les oratoires des saints, maisons de Dieu, pour y prier avec foi. [...]

c. 17 Alors, celui dont la nature est

d'être le fils de l'ennemi de Dieu, l'Antéchrist, voulant ouvrir la route à l'Antéchrist et être son précurseur, le tyran Léon, vipère cruelle, envoya son venin, qui nie Dieu, dans les oreilles des plus simples. Il surnomma idole l'image du Christ, il chassa de l'église le saint ange Nicéphore, ami du Christ et le remplaça par un homme adultère et séducteur, Théodote Mélissénos; à la suite de cela, partageant l'avis de ce dernier, l'iconomaque ami des juifs, le maudit Léon, mit en place une grande persécution contre l'Eglise, et il abaissa les patriarches, les pasteurs, les prêtres et, parmi les croyants de la corporation des laïcs, ceux qui ne se soumirent pas à ses desseins d'Antéchrist; il leur infligea de manière inhumaine divers mauvais traitements, la mort, l'exil et les confiscations. Il ne se contenta pas de remplir chaque village, chaque ville et chaque bourgade de la souillure de son impiété; le tyran ordonna de rechercher avec soin ceux qui s'étaient cachés dans les montagnes, les cavernes solitaires et les trous de la terre.

Vie de Saint Iôannikios par le moine Sabas,
Ed. P. Van Den Gheyn,
Acta Sanctorum Novembris.
1893

Les juifs dans l'empire byzantin

Après la perte de la Palestine en 638, les juifs sont peu nombreux dans l'empire byzantin, et y occupent rarement une position en vue; ils sont surtout ouvriers dans l'artisanat de la soie. Les persécutions sont rares, de temps en temps, toutefois, un empereur se sent la responsabilité de les convertir ou un saint homme croit devoir les exclure.

Basile Ier et les juifs

L'Empereur, voyant que Dieu ne s'occupait de rien plus que du salut des âmes et que celui qui sépare le juste du vil sera comme la bouche du Christ, refusa de se montrer insouciant et négligeant vis-à-vis de cette action apostolique, mais commença par prendre dans son filet pour le conduire à la soumission au Christ le peuple des juifs, impur et dur de cœur, pour autant qu'il dépendît de lui. Il leur ordonna d'exposer les arguments de leur foi en une dispute ouverte : ou bien leurs arguments s'avéreraient valables et irréfutables, ou bien, convaincus que le Christ est le résumé de la loi et des prophètes et que la loi revêt la forme d'un nuage que la lumière du soleil dissipe, ils accéderaient à la connaissance du Seigneur et seraient baptisés. Il se proposait de distribuer des dignités à ceux qui accéderaient [*au baptême*], d'alléger le poids des impôts précédemment levés : il promit de rendre honorables ceux qui étaient méprisés. Il en libéra ainsi un grand nombre du voile de la cécité et les conduisit à la foi en Christ, même si nombre d'entre eux, après la mort de l'Empereur, retournèrent comme des chiens à leurs vomissures. Même si ceux-là, ou plutôt certains de ceux-là, tels des Ethiopiens, ne renoncèrent pas à leurs erreurs, l'Empereur ami de Dieu dut recevoir de Dieu la totalité du salaire de son œuvre pour le zèle qu'il y montra.

Théophane Continué
V, 95, Ed. J. Bekk, Bonn, 1838

Les juifs dans la vie de Nikon le metanoeite

Le bienheureux passa huit jours entiers dans la caverne, durant lesquels, conformément à la coutume, il s'interdit toute sortie. Il retrouva ainsi la santé et dès lors décida de retourner à Sparte; il prit le chemin d'Amyclée. Lorsque les habitants de Lacédémone eurent entendu parler de son séjour à Amyclée, pris d'une grande hâte et sans souffler un instant, les principaux citoyens et le reste du peuple accoururent là, rivalisant entre eux pour arriver les premiers. Ils tombèrent à ses pieds et restèrent prosternés pour lui demander ardemment de venir jusqu'à Sparte. Car la peste s'était introduite dans la ville et ce mal terrible dévorait les habitants de la cité et les précipitait dans l'Hadès. Aussi demandaient-ils au saint de leur faire la grâce de s'établir dans leur patrie pour que ses saintes prières écartent le danger. Lui qui, en d'autres circonstances, avait montré sa compassion envers quiconque, n'en fit pas moins preuve envers ceux qui allaient devenir son peuple et ses fidèles. Comme il prévoyait l'avenir, cela le poussait plus encore à la compassion. Il reçut favorablement l'ambassade et acquiesça. Il promit de les délivrer du danger, pourvu qu'ils chassent de leur ville la race des juifs qui vivaient avec eux, afin qu'ils n'aient plus l'occasion de pratiquer leurs coutumes infâmes ni de souiller la ville des miasmes de leur foi : «Si vous m'obéissez sur ce point», dit-il, «la peste s'écartera de vous, et moi, je passerai le reste de mon existence avec vous»... Ce discours les réduisit au silence et ils réfléchirent longuement en eux-mêmes; puis ils jurèrent d'accomplir tout ce qu'il leur avait prescrit... Par la présence du saint, le mal cessa, et les juifs furent chassés de la ville...

[*Le saint fait construire son église du Christ de la Théotokos et de sainte Kyriakè, avec l'aide de tous.*] Tous les habitants de la ville lui obéissaient et l'assistaient, sauf un. C'était un nommé Jean Aratos. En effet, celui-ci, seul, piqué par le dard de la malveillance et pris par l'esprit de méchanceté, ou, pour mieux dire, mû par le démon malin de la grossièreté, saisi par une volonté irréfléchie, fut pris de rage contre le saint, les dents aiguisées comme celles d'un chien, posant comme une véritable injustice l'œuvre de Dieu... Car il n'était jamais d'accord avec les autres Lacédémoniens et s'opposait systématiquement à leurs volontés. Ainsi, il avançait que l'expulsion des juifs de la cité n'était ni juste ni raisonnable; l'insolent s'enflait de colère et ne rougissait pas de traiter les Lacédémoniens de tous les noms à cause de cela. Puis, sous un quelconque prétexte de travail, car son métier était d'apprêter les tissus, cet audacieux au cœur arrogant fit rentrer dans la ville l'un de ces juifs. Alors, le doux devenait un combattant de l'avertissement prophétique, oubliait quelque peu sa modération habituelle et faisait preuve d'une ardeur digne d'un lion. Il saisit son bâton qui se trouvait là, administra force coups au juif, le chassa de la ville et se montra plus terrible envers ses ennemis qu'Héraklès avec sa massue, à ce que l'on dit. Car la race des juifs était tellement abominable pour ce juste qu'il ne voulait que leur nom fût entendu ni prononcé.

Vie de Nikon le Metanoeite,
Ed. D. F. Sullivan
Brookline, Mass. 1987

La vie d'un saint homme

La vie de Philarète le miséricordieux fut rédigée vers 820 par son petit-fils et filleul Nicétas. Elle est construite sur le modèle de Job : Dieu abandonne le juste à Satan, puis le sauve.

Il y avait au pays des Paphlagoniens un homme, nommé Philarète et cet homme était noble parmi les habitants du Pont et de la Galatie. Il était très riche et possédait de nombreux troupeaux : six cents bœufs, cent paires de bœufs soumis au joug, huit cents juments au pâturage, quatre-vingts mulets et chevaux de selle, douze mille brebis. Il était aussi propriétaire de quarante-huit vastes domaines; tous, nettement délimités, étaient florissants et de grande valeur. Car en face de chacune de ces propriétés, une source jaillissait de la hauteur, ce qui permettait d'irriguer à profusion les terres qui en avaient besoin. Et il avait encore de nombreux serviteurs et de très grandes richesses.

... L'homme était très miséricordieux et lorsqu'un mendiant venait le solliciter, il lui donnait d'abord avec plaisir et en abondance une nourriture à son goût, puis il lui remettait l'objet de ses désirs et le renvoyait en paix... L'homme cependant ne cessait de distribuer aux pauvres ses bêtes et tout ce qu'il possédait... et finalement, par cette générosité, à cause des incursions des Ismaélites et pour une foule d'autres raisons, le démon dispersa son avoir et le fit tomber dans la plus profonde misère, si bien qu'il ne lui resta plus qu'un seul couple de bœufs, un seul cheval et un seul âne, une seule vache avec son veau, un seul serf et une seule servante. Quant à ses domaines, ils furent tous saisis par ses voisins, puissants fermiers. Car lorsqu'ils le virent appauvri, incapable de les garder et de cultiver sa terre, les uns d'autorité, les autres après l'en avoir prié, se partagèrent son domaine, ne lui laissant que l'endroit où il habitait et la maison paternelle.

Il subit tous ces malheurs sans jamais se chagriner, sans blasphémer, sans s'irriter… Un soir, prenant avec lui sa paire de bœufs et sa charrue, il se rendit à son champ pour labourer. Un pauvre paysan labourait lui aussi son champ quand tout à coup son bœuf s'affaissa et mourut. Ne pouvant supporter cette perte, il se mit à geindre et à pleurer et avec force lamentations il adressait ses plaintes à Dieu : «Seigneur, je n'avais rien d'autre que cette paire de bœufs et voilà que Tu m'en prives! Comment nourrir ma femme et mes neuf enfants en bas âge? Comment payer les impôts à l'empereur? Comment rembourser mes créanciers? Que faire, je ne sais. Je quitterai ma maison et m'enfuirai vers un lointain pays, avant que mes créanciers n'apprennent mon malheur et ne tombent sur moi comme des bêtes féroces.» (Philarète lui donne alors un de ses bœufs)

L'homme juste et vénérable prit son unique bœuf, mit le joug sur son épaule et se mit en route, tout joyeux, vers sa maison.

Cinq jours après, au pâturage, le bœuf du paysan (celui qui lui appartenait auparavant) avala par malheur du dangereux poison appelé «herbe du loup» et, pris d'un tremblement soudain, s'affaissa, lui aussi, sur le sol et mourut. Le paysan partit alors chez Philarète avec le bœuf qu'il avait reçu de cet homme miséricordieux et lui dit : «J'ai commis une faute envers tes enfants en t'enlevant ton bœuf, et mon acte les a ainsi condamnés à mourir de faim. Aussi Dieu n'a-t-il pas supporté mon indélicatesse et Il vient de me tuer aussi mon autre bœuf».

Le véritable ami de Dieu et de la vertu se leva aussitôt, alla chercher son autre et unique bœuf et le donna au paysan.

Mais les enfants de Philarète et leur mère commencèrent à se lamenter et à se dire : «Nous connaissions bien mal cet homme! Car si nous étions devenus pauvres, nous avions du moins comme consolation cette paire de bœufs qui nous aurait empêchés de mourir de faim!» […]

En ce temps-là, (*en 788*), l'Augusta Irène, amie du Christ, régnait avec son fils, l'empereur Constantin. Or l'Impératrice faisait chercher dans tout le territoire de la Romanie, de l'orient à l'occident, une jeune fille distinguée qu'elle unirait à son fils, l'Empereur. Ses délégués avaient parcouru tout l'Occident, le Midi et le Nord, mais en vain. Finalement, ils se rendirent dans le Pont. Comme ils exploraient cette région, ils arrivèrent sur le territoire de Paphlagonie dans le village du miséricordieux, village dénommé Amnia et dépendant de la ville de Gangres. Lorsqu'ils aperçurent la grande, antique et magnifique maison du vieillard, les envoyés impériaux crurent qu'un puissant seigneur y habitait et ordonnèrent à leurs serviteurs et à leurs fourriers d'y descendre. Mais les premiers du village dirent aux messagers : «Non, messeigneurs, n'allez pas dans cette maison, car si de l'extérieur, elle a grande et belle apparence, l'intérieur en est vide.» Les envoyés impériaux crurent qu'ils parlaient ainsi à l'instigation du maître de maison, qui, parce qu'il était riche et puissant, voulait les empêcher de descendre sous son toit, et ils dirent avec colère à leurs serviteurs : «Allez donc là-bas, c'est là que nous mettrons pied à terre.»

Philarète, en véritable ami de Dieu et des étrangers, prit son bâton et sortit à la rencontre des envoyés impériaux. Il leur donna joyeusement l'accolade et leur dit : «Dieu a bien fait de conduire mes maîtres chez leur serviteur. Que me vaut cet honneur de vous voir daigner descendre sous mon pauvre toit?»

Puis il alla trouver son épouse pour lui donner ses ordres : «Femme, fais-nous un bon dîner, pour que nous n'ayons pas à rougir devant de tels hommes.» Mais elle : «Tu as si bien gouverné ta maison qu'il ne nous reste même plus une poule. Cuis donc maintenant des légumes sauvages et reçois avec cela les messagers impériaux!» L'homme répondit : «Allume seulement le feu et mets en ordre la grande salle à manger. Lave notre antique table d'ivoire et Dieu nous fournira de quoi nourrir nos hôtes.» Et elle fit comme il le demandait.

Et voici que les premiers du village entrèrent chez le miséricordieux par la porte de côté; et ils lui apportaient des béliers et des agneaux, des poulets et des pigeons, du vin de choix, et pour le dire en un mot, tout le nécessaire. Et l'épouse prépara le tout et en fit de forts beaux plats, tout comme elle faisait lorsqu'ils étaient riches. Le couvert avait été dressé dans la grande salle à manger; en entrant dans cette pièce somptueuse, les messagers impériaux virent l'antique table ronde en ivoire incrusté d'or, si grande que trente-six convives pouvaient y prendre place, et sur cette table se trouvaient des mets dignes d'un festin de roi. […]

Le lendemain dès leur réveil, ils réclamèrent aussitôt avec empressement les jeunes filles. Mais le vieillard leur dit : «Messeigneurs, sans doute sommes-nous de pauvres gens, mais cependant, jamais nos filles ne sont sorties de leur appartement. Mais puisque vous le voulez, ô mes maîtres, entrez dans leur chambre, et là vous les verrez.»

La dernière, la fille du miséricordieux, entra avec ses trois filles. En les voyant, l'Empereur, sa mère et Staurakios, le premier du palais, s'extasièrent sur leur beauté, furent charmés par leur tenue, leur esprit et la distinction de leur démarche. Et aussitôt, l'aînée fut fiancée à l'Empereur, la seconde à un des grands de la cour, le patrice Constantinakios, très beau lui aussi de corps et de visage. Quant à la troisième, le roi des Lombards, Argousis, envoya une ambassade à l'empereur Constantin, avec de nombreux présents pour la demander en mariage. […]

Pendant quatre ans, Philarète vécut au palais et refusa toujours de porter des tuniques de soie ou des ceintures d'or.

Jamais, il ne voulut recevoir de hautes dignités, si ce n'est celle de consul. Et comme l'Empereur et les grands cherchaient à le persuader, tantôt avec insistance, tantôt avec prière, il répondit au Souverain : «Cela me suffit d'être appelé grand-père de l'Empereur.» Telle était son humilité qu'il ne tolérait pas qu'on l'appelât d'un autre nom qu'autrefois, Philarète d'Amnia. [...]

Philarète a finalement la révélation de sa mort; il s'y prépare en bénissant tous les membres de sa famille; il meurt en odeur de sainteté, au sens propre.

Ainsi, il bénit un à un tous ses autres descendants, prédisant à chacun ce que Dieu lui inspirait. Il pria aussi pour sa femme, pour son fils, pour ses filles. Quand il leur eut donné sa bénédiction, son visage s'illumina soudain, comme le soleil; il se mit à sourire et à psalmodier : «Je chanterai Ta miséricorde et Ta justice, Seigneur...» et la suite. Et comme il achevait ce psaume, une odeur suave se répandit dans toute la maison, si bien que nous pensions que des flots d'onguents et d'aromates avaient empli la demeure. Ensuite, il récita le symbole des Apôtres, puis commença le Notre Père. Quand il fut arrivé à ces mots : *Que ta volonté soit faite*, il rendit son âme au Seigneur. Il était vieux et couvert d'années – il avait quatre-vingt-dix ans – mais ni ses dents, ni ses yeux, ni ses oreilles n'avaient eu à en souffrir. Au contraire, il était resté frais, beau et fort et s'offrait aux regards comme une pomme ou une rose. [...]

L'Empereur, sa mère l'Impératrice et la petite-fille de Philarète, l'Augusta, apprirent que le grand-père avait cessé de vivre. Ils se rendirent chez lui avec tout le Sénat et le pleurèrent longuement; ils honorèrent sa vénérable dépouille d'une garde d'honneur et distribuèrent de nombreux biens aux indigents. [...]

(Philarète est enterré au monastère de Krisis, le 2 décembre 792.) Théosébô part liquider ses affaires à Amnia.

Théosébô, son épouse, prit avec elle une grande quantité d'argent et retourna dans sa patrie où elle restaura tous les saints temples détruits depuis longtemps par les Perses; elle dota richement les sanctuaires, fonda des monastères et des hospices pour les pauvres, puis, rentra à Constantinople. Elle y termina pieusement sa vie et s'endormit elle aussi dans la paix du Seigneur; on l'enterra près de son mari.

Ed. M. H. Fourny,
M. Leroy,
Bruxelles, 1934

Un intellectuel byzantin

Byzance maintient la tradition de la culture antique en y intégrant la dimension chrétienne. Pour l'exemple, Michel Psellos (1018-1078), le plus grand intellectuel byzantin, décrit son itinéraire personnel dans son œuvre historique majeure, «Chronographie».

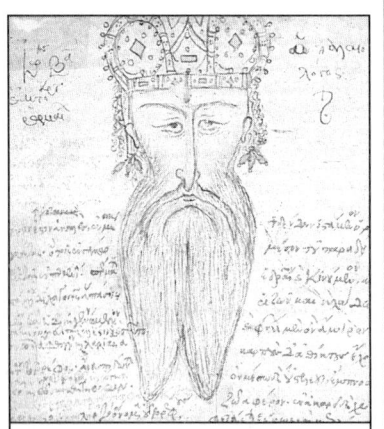

Psellos ne nous est pas connu physiquement; ce portrait tardif insiste sur le côté ascétique de l'homme.

XXXVI. J'étais alors dans ma vingt-cinquième année et je m'occupais des études sérieuses. Car je poursuivais ces deux objets : façonner ma langue au beau langage par la rhétorique et épurer mon esprit par la philosophie. Au bout de peu de temps, ayant assez approfondi la rhétorique pour être en état de discerner le point fondamental du sujet et d'y rapporter les points principaux et secondaires, et de ne pas redouter la théorie ni la science en tout comme un écolier, mais d'y apporter quelque chose de plus dans le détail, [alors] je m'attachai à la philosophie, étant suffisamment maître de l'art de raisonner, soit en desendant des causes à leurs conséquences immédiates, soit en remontant de diverses manières des effets aux causes. Je m'appliquai aussi aux questions naturelles et, au moyen de la science intermédiaire, je m'élevai jusqu'aux principes de la philosophie.

XXXVII. Si quelqu'un, loin de me trouver insupportable, veut bien me permettre de le dire, j'ajouterai encore ceci en ce qui me concerne, et cela me vaudra les éloges des hommes sérieux, et vous m'approuverez, vous qui lisez aujourd'hui mon ouvrage. Ayant trouvé la philosophie expirante au moins du côté de ceux qui font profession de philosophes, je l'ai moi-même ranimée et vivifiée sans avoir rencontré le secours d'aucun professeur éminent et sans avoir trouvé, malgré mes recherches en tous lieux, un germe philosophique soit en Grèce, soit chez les barbares. Mais lorsque j'eus appris, pour l'entendre dire, qu'il y avait en Grèce relativement à la philosophie quelque chose de grand, exprimé en des termes et des propositions très simples – et c'était là, pour ainsi dire, les colonnes et l'achèvement de la science –, rejetant tous ces discuteurs pointilleux, je

Plusieurs grands intellectuels byzantins devinrent princes de l'Église.

cherchai à connaître quelque chose de plus. Alors je lus plusieurs de ceux qui furent versés dans la philosophie : ils m'enseignaient la voie de la connaissance ; l'un me renvoyait à l'autre. L'inférieur au supérieur, celui-ci à un autre, et cet autre à Aristote et à Platon, dont les prédécesseurs se contentaient d'avoir obtenu immédiatement après eux le second rang.

XXXVIII. Donc, partant de là, comme pour accomplir un périple, je descendis aux Plotin, aux Porphyre et aux Jamblique, à la suite desquels, avançant dans ma route, j'arrivai à l'admirable Proclos, où je m'arrêtai comme dans un vaste port, et là je puisais avidement toute la science et la connaissance exacte des conceptions. Après quoi, voulant m'élever à la philosophie supérieure et m'initier à la science pure, je pris d'abord la connaissance des choses incorporelles dans ce qu'on appelle la mathématique, qui tient un rang intermédiaire entre,

d'une part, [la science de] la nature des corps et l'entendement qui est en dehors d'eux, et, d'autre part, les essences elles-mêmes auxquelles s'applique la connaissance pure, afin d'en retirer, si je pouvais, quelque chose de supérieur à l'esprit, de supérieur à la substance.

XXXIX. Voilà pourquoi je me suis appliqué aux méthodes arithmétiques et aux démonstrations géométriques que quelques-uns nomment nécessités ; et puis, je m'adonnai à la musique et à l'astronomie, et les autres disciplines qui en dépendent, je n'en ai négligé aucune. D'abord, je m'attachai à chacune en particulier, puis je les rassemblai toutes, sachant qu'elles tendent les unes par les autres à une fin unique, ainsi que le veut l'*Epinomis*. Ainsi, grâce à ces sciences, je m'élançai vers les connaissances plus élevées.

Michel Psellos
Chronographie
Ed. F. Renaud,
Paris, 1967

La science de Phôtius

Dans sa Vie d'Ignace, patriarche de Constantinople au IXe siècle, le moine Nicétas David brosse le portrait du patriarche qui domina cette époque, Phôtius. L'auteur est partagé entre l'admiration pour le grand homme et la haine pour celui qui remplaça Ignace à la suite d'une démission pour le moins forcée.

Phôtius était prôtospathaire et prôtoasèkrètis quand on le fit patriarche de Constantinople. Ce Phôtius n'était pas de basse et obscure extraction, mais, au contraire, de famille noble et illustre, et on le tenait pour le plus digne de considération pour ce qui est de la connaissance et de l'intelligence des choses de ce monde. Grammaire et poésie, rhétorique et philosophie, voire médecine, et peu s'en faut toutes les sciences profanes, il en était si pénétré que non seulement on considérait qu'il surpassait tous les gens de son temps, mais encore qu'il pouvait rivaliser avec les anciens. Tout était réuni en lui, les dons naturels, l'ardeur et la richesse, grâce à laquelle tous les livres accouraient vers lui; par-dessus tout, l'amour de la gloire, qui lui faisait

Phôtius était le chef de l'administration centrale lorsqu'on le nomma patriarche en 858. Il est ici devant les fonctionnaires.

consacrer à la lecture des nuits sans sommeil. Et comme il devait, hélas, accéder aussi à l'église, il s'adonna avec application à l'étude des ouvrages appropriés. Pour parler comme Grégoire de Naziance, il ignorait l'ignorance, chose indigne de sa science. Car il ne voulait pas considérer que «si quelqu'un veut devenir sage en ce monde, qu'il devienne fou afin de devenir sage» . Il n'a pas choisi la voie de l'humilité, qui conduit sûrement à la grâce de Dieu et à la vraie sagesse; il n'a pas accepté de se dépouiller et de devenir comme un petit enfant en vue du royaume de Dieu, selon la parole du Seigneur; mais pas non plus de labourer son âme et d'approfondir son esprit par une entière soumission, comme le veut le Seigneur, et par un comportement humble, pur de la vanité des honneurs, afin d'atteindre à ce roc qu'est le Christ et de bâtir sur lui les fondations inébranlables de la foi, et, par des actions bonnes, de se faire soi-même la demeure de la sagesse. Non, ce n'étaient pas là les pensées de ce sage, il s'en faut de beaucoup, et rien de tout cela ne lui est venu à l'esprit. C'est sur des fondations pourries et sur le sable, c'est sur la science mondaine, sur la gloriole d'une connaissance non gouvernée selon le Christ, qu'il a assis son cœur et son esprit. Gonflé des vides compliments et applaudissements des hommes, transporté par la creuse vanité, il a atteint l'orgueil qui est l'ennemi de Dieu, et qui l'a instruit dans toute scélératesse et tout sujet de scandale.

Nicétas David
Vie du patriarche Ignace,
Patrologie grecque, t.105

La fin de Byzance

Byzance a connu un certain succès auprès des auteurs français, notamment au théâtre. Après Audiberti, Paul Morand.

Scène II

1452. – A l'Hippodrome de Byzance, la loge où l'empereur Constantin XI Dragasès, de la maison des Paléologues, termine son appel au peuple, cent mille Byzantins massés sur quarante hauteurs de gradins.

On aperçoit l'Empereur de dos, sous l'Aigle bicéphale entouré des étendards de la Garde varègue, garde russo-scandinave à cheveux roux.

Sous le soleil, dans un pathétique immobile, Constantin ressemble à une statue d'or; sa chasuble, à la raideur de métal, s'inspire de la robe chinoise; chaussé de brodequins de pourpre, le diadème sur une tête emperruquée, il est entouré des grands dignitaires, tous barbus, à la nouvelle mode. Parmi les ambassadeurs, on remarque au premier rang le Bulgare à tête rase, le Franc enchaperonné, le Hongrois, à la robe cousue de grelots, des exarques, des préfets du prétoire, des patrices et quantité de généraux moscovites et varègues en fourrures, les chefs siciliens, persans, dalmates ou arméniens, commandant la petite armée internationale de Byzance.

Parmi ces hauts fonctionnaires, il en est de glabres : ce sont les eunuques; ils ont le pas sur les autres, ils sont en blanc avec des manches longues, en ailes d'anges.

Des diacres porteurs d'icônes et de reliques, debout, au-dessous de la loge impériale.

CONSTANTIN. – Nous, César, Despote et Autocrate de l'Empire romain d'Orient, héritier de cent six empereurs, jurons de rester Maître de la Terre habitée, au nom du peuple élu, les Grecs!

LE PEUPLE. – Saint! Saint! Saint! (*Le peuple chante le Trisaghion. Acclamations.*) «Bouclier de l'Europe, Notre Cité gardée de Dieu, héritière d'Athènes, de Rome et de Jérusalem, a résisté depuis dix siècles aux Scythes, Lombards, Sarrasins, Avares, Perses, Goths, Koumans, Petchénègues et Ottomans. Au-delà, il n'existe ni dignités, ni liberté, ni bonheur. Nous avons transformé en hommes les brutes slaves nos voisins. Nous leur avons appris à lire et à écrire, comme à des enfants. Notre rôle civilisateur continuera à l'abri de nos fortes murailles, vous n'avez rien à craindre... D'ailleurs l'Europe est avec nous, derrière nous. Les grandes Puissances de l'Occident sont nos alliées. Nous vaincrons Mahomet, s'il ose nous provoquer! Jamais le Croissant n'abattra la Croix!» Christ vainqueur! Christ vainqueur! Constantin! Rien n'est perdu.

L'Empereur bénit les deux côtés de l'Hippodrome avec le pan de son manteau de pourpre, qu'il tient de la main droite.

Scène III

Précédé de sa Garde, à cuirasse d'écailles dorées, avec le labarum romain, ou la hache double, sur l'épaule, le Basileus Constantin quitte sa loge, tourne le dos à l'Hippodrome et se retire dans le triclinium, pour dîner, au milieu du jour, en petite cérémonie. L'Autocrator commence par changer de vêtement, comme le Protocole l'exige, à chaque heure de la journée, ce changement n'étant qu'un symbole de la Réincarnation. L'Imperator revêt une dalmatique coupée droit, à demi manches larges – comme on peut en voir au Musée de Moscou.

Le vêtement est en soie bleue et violette, avec la vie des Apôtres, en broderie.

Il reçoit dans son cabinet – cubiculum – le Légat du Pape et le Patriarche.

CONSTANTIN.– Tout est perdu...

LE PATRIARCHE.– O Loi Vivante, quelle admirable péroraison!

LE LÉGAT.– Ce discours vaut une victoire, ô Emerveillement des ambassades étrangères!

CONSTANTIN.– Tout est perdu! Quand il n'y a plus d'espoir, les discours ont leur prix... Par notre Bureau des Barbares, je sais que les Turcs hâtent leurs préparatifs d'attaque. Malheureux empire, qui s'est défait comme la couture d'une tunique! Si Rome ne nous vient pas en aide sur l'heure, l'ombre d'Allah va s'étendre sur la terre. Parle, ô Légat du Pape.

LE LÉGAT.– Votre Sommité sait de quelle Sollicitude le Saint-Père entoure l'orthodoxie, noble expression orientale d'une seule et même foi chrétienne... (*Avec intention.*) dont il est le chef suprême...

LE PATRIARCHE, *l'interrompant.*–...dont il est le chef... dans la limite des décisions de nos sept Conciles compétents, qui illustrent sans ambiguïté la parfaite souveraineté de notre Eglise nationale orthodoxe et de notre Etat.

LE LÉGAT, *vexé.*– Le Pape Nicolas V connaît l'enthousiasme des Grecs pour la théologie et ses développements doctrinaux, preuve d'une ardente participation à la vie spirituelle. Mais, en sa qualité de représentant de Dieu sur la terre...

LE PATRIARCHE.– Pardon, le représentant de Dieu en Occident, au même titre que l'Empereur de Byzance pour l'Orient.

CONSTANTIN, *les calmant.*– La paix descende en vous! Il n'y a qu'un empire du Christ, du côté de Rome, cet empire est heureusement à l'abri, mais à Constantinople, il se trouve dans un péril extrême. Une fois tombé ce bastion oriental, ce sera le tour de l'Occident.

Depuis six siècles, nous sommes séparés, mais le péril unit. Si Rome ne vole pas à mon secours, je suis perdu. Trépasser sur nos murailles ne me fait pas peur; il m'est indifférent d'être pendu la tête en bas et le ventre ouvert : c'est le raffinement suprême des races raffinées. Sur une centaine de Césars byzantins, une trentaine seulement sont morts dans leur lit. Mais ce qu'il faut sauver, c'est l'Europe! l'Europe, c'est Constantinople, en plus grand. Constantinople en est la pointe extrême. Elle fut placée par Dieu dans une position cruciale, comme un calvaire à un carrefour. J'envoie un ambassadeur à Rome, pour faire comprendre au Pape qu'il ne faut pas qu'en face de l'Asie une, il y ait deux Europes, en attendant qu'il n'y ait plus d'Europe du tout. […]

Scène XVIII

Mai 1453.
Sur une hauteur, un camp turc, où sont rassemblés, autour d'un historiographe de Mahomet, un prisonnier chrétien, le Frère allemand Georges de Mühlenbach, quelques envoyés étrangers, accrédités auprès de Mahomet II. Puis un renégat grec.
Le canon tonne sans arrêt, pendant ce chapitre.

LE FRÈRE MÜHLENBACH. – Voilà comment ça a commencé : Mahomet a fait le silence. Au retour de la prière, à la mosquée, il a dit : «Je ne veux pas entendre un bruit, pas le fer d'un sabot, pas une respiration.» Ayant obtenu cela, il a crié : «Qui m'aime me suive! A sac et tue!»

L'AMBASSADEUR DE RUSSIE.– Et depuis l'aube, depuis maintenant dix heures, il est partout; il entre dans la mer avec son cheval pour exciter la flotte au combat, il est au pied des échelles et les spahis transpercés par les défenseurs lui retombent dessus! Il pleut des cadavres! Lui court aux catapultes, aux mortiers, aux fauconneux… Il crie : «Sus aux Roumis, qui mieux taillent la plume que ne taillent du sabre.»

L'AMBASSADEUR DE CHYPRE. – Oui, mais tous les assauts sont repoussés.

LE BAN DE CROATIE. – Tant de cadavres devant les portes qu'elles ne peuvent être franchies.

LE FRÈRE MÜHLENBACH. – C'est aujourd'hui la saint Théodore! Prions pour nos frères, même schismatiques.

UN ENVOYÉ SERBE.– Les machines de guerre brûlent, les contremines font sauter les mines, comme si la foudre remontait de la terre au ciel. Quand la fumée ne cache pas le soleil, on peut d'ici voir Mahomet, une verge de fer à la main, exhorter ses janissaires.

LE FRÈRE MÜHLENBACH. – Voici notre renégat grec. Comme il court!

LE RENÉGAT GREC, *accourant*. – Les Grecs sont tournés! Les Turcs attaquent Kerbo-Porta, une porte abandonnée, qui n'était pas gardée. J'ai vu, sur la muraille, flotter l'étendard du Prophète; j'ai vu des agas sauter à l'intérieur de la Cité gardée de Dieu!
Le canon se tait.

LE FRÈRE MÜHLENBACH.– J'entends crier : «La ville est prise!»

Scène XIX

Mai 1453.
A Sainte-Sophie.
Des chants, des abois de chiens errants, des cris.
L'Eglise de la Sagesse est bondée. Une foule en folie afflue de tous les quartiers de Byzance, fuyant devant l'entrée des Turcs.
Des vieillards à béquilles, des femmes avec des enfants endormis, des filles se

tordant les mains. Des dames nobles, avec leurs serviteurs, implorent les prêtres, diacres, sous-diacres, lecteurs et chantres.

Les uns apportent leur fourneau en terre, les autres leurs manuscrits, les avares leur or, les cochers du Cirque leur sellerie. C'est la dernière flambée du plus grand magasin de civilisations entassées.

Les femmes entonnent l'hymne à la Vierge guerrière.

VOIX DES FEMMES. – Fermez les portes !

UN DIACRE.– Elles ne ferment plus.

VOIX MELÉES.– Sainte Mère de Dieu, priez pour nous !

Sainte Sophie, priez pour nous !

Saint Constantin, priez pour nous…

Sainte Hélène, priez pour nous…

Les diacres entonnent des chants liturgiques.

D'AUTRES VOIX.–

Très Sainte Trinité…

Pardonne nos péchés…

VOIX MASCULINES. – Gloire à toi, Souverain de l'Univers !

Hymne à la Vierge guerrière. Litanies des prêtres.

VOIX MELÉES.–

O Christ Sauveur, sauve ta ville !

Archistratège des cieux, combats pour nous !

Bruit sourd des coups de bélier. Les litanies montent jusqu'aux cris.

UNE VOIX, *aiguë de femme.–*

Constantin arrive !

Le Basileus est là !

L'icône miraculeuse va lever son voile !

C'est prédit !

Un soldat entre, perdant son sang comme un poisson par les ouïes.

LE SOLDAT.– Constantin est tombé sur la muraille. Quand la Mort lui est apparue, il a giflé la Mort, mais elle fut la plus forte. Le Basileus n'est plus !

Immense cri funèbre.

Malheur !

Le trois fois Saint n'est plus…

Malheur !

Le Métropolite monte en chaire.

LE MÉTROPOLITE, *d'une voix tonnante.–* A genoux, peuple grec ! Peuple voué à la mort, élève ta voix vers ton sauveur.

La foule à genoux chante le Kyrie Eleison. A travers le chant percent des cris, en crescendo :

Les Turcs !

Les Turcs !!

Les Turcs !!!

Le Kyrie Eleison, de plus en plus faible, à mesure que montent les râles, les gémissements, les hurlements d'hommes égorgés et de femmes forcées.

Puis : un grand silence.

Après un long moment de silence total, un muezzin, qui est monté dans la chaire de Sainte-Sophie.

LE MUEZZIN.– Allah ! Allah seul est Dieu !

Rideau.
Un chien hurle à la mort.

Paul Morand
La Fin de Byzance
Gallimard
Paris, 1959

162 ARBRE GÉNÉALOGIQUE

LA DYNASTIE MACÉDONIENNE

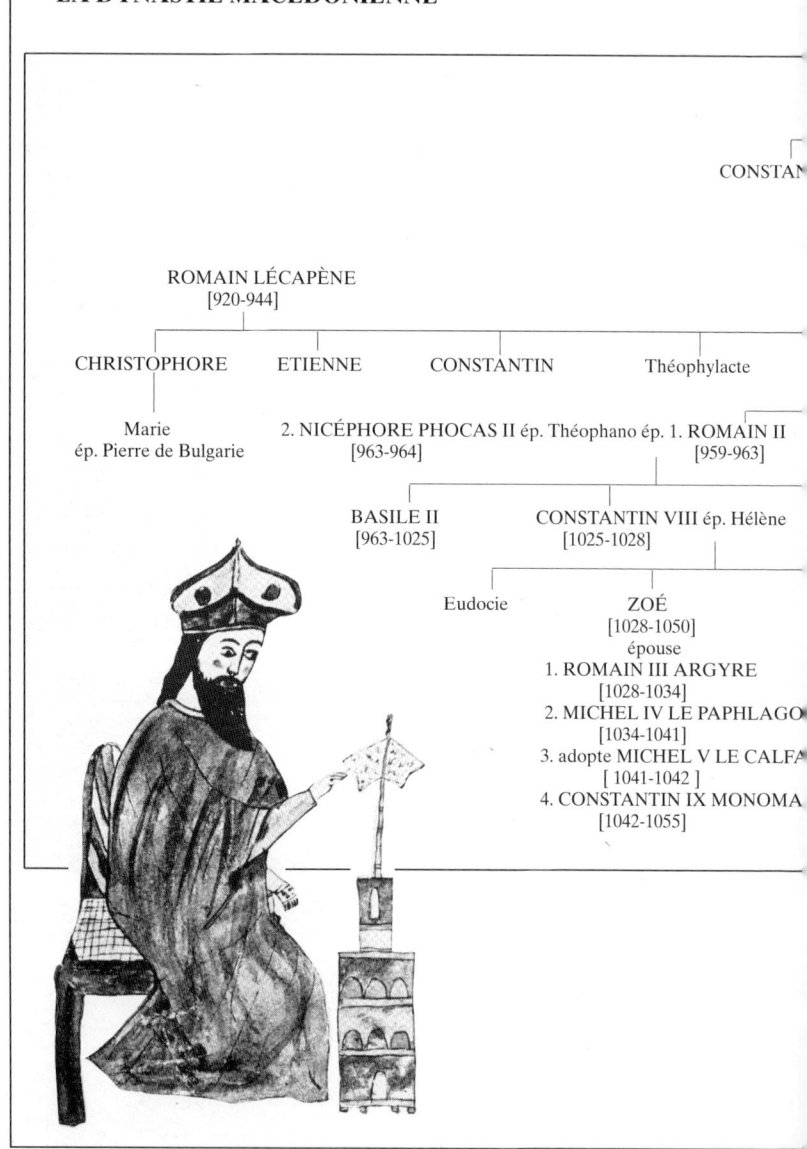

CONSTAN

ROMAIN LÉCAPÈNE
[920-944]

CHRISTOPHORE   ETIENNE   CONSTANTIN   Théophylacte

Marie
ép. Pierre de Bulgarie

2. NICÉPHORE PHOCAS II ép. Théophano ép. 1. ROMAIN II
[963-964]   [959-963]

BASILE II   CONSTANTIN VIII ép. Hélène
[963-1025]   [1025-1028]

Eudocie   ZOÉ
[1028-1050]
épouse
1. ROMAIN III ARGYRE
[1028-1034]
2. MICHEL IV LE PAPHLAGO
[1034-1041]
3. adopte MICHEL V LE CALFA
[1041-1042]
4. CONSTANTIN IX MONOMA
[1042-1055]

ARBRE GÉNÉALOGIQUE 163

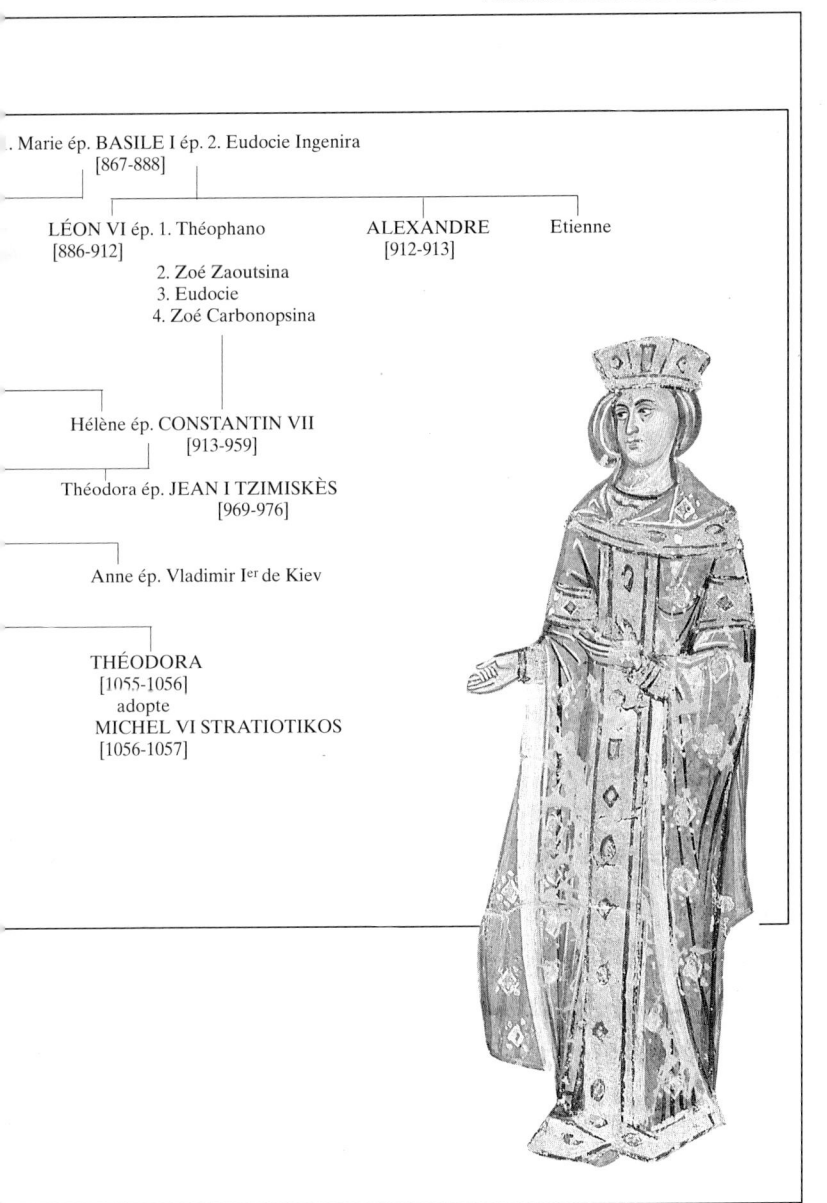

. Marie ép. BASILE I ép. 2. Eudocie Ingenira
           [867-888]

LÉON VI ép. 1. Théophano   ALEXANDRE   Etienne
[886-912]   [912-913]
        2. Zoé Zaoutsina
        3. Eudocie
        4. Zoé Carbonopsina

Hélène ép. CONSTANTIN VII
           [913-959]

Théodora ép. JEAN I TZIMISKÈS
             [969-976]

Anne ép. Vladimir Ier de Kiev

THÉODORA
[1055-1056]
  adopte
MICHEL VI STRATIOTIKOS
[1056-1057]

CHRONOLOGIE

VIE POLITIQUE RELATIONS EXTÉRIEURES	VIE ADMINISTRATIVE ÉCONOMIQUE ET SOCIALE	VIE CULTURELLE ET RELIGIEUSE
IVe		**IVe**
11 mai 330 Fondation de Constantinople **395** Mort de Théodose; division de l'Empire		**312** Edit de Milan **325** Concile de Nicée **381** Premier concile de Constantinople
Ve		**Ve**
441 Attila franchit le Danube		**425** Fondation des Universités par Théodose II **431** Concile d'Ephèse **451** Concile de Chalcédoine
VIe	**VIe**	**VIe**
527 Avènement de Justinien **532** Sédition Nika, paix «éternelle» avec la Perse **533-534** Reconquête de l'Afrique **535-555** Reconquête de l'Italie **560-570** Début des invasions slaves **568** Début des invasions lombardes en Italie **584** Chute de l'Espagne Byzantine	Emission du sou d'or (nomisma) Abolition du Chrysargyron, création du Patrimoine **535** Tentative de réforme administrative de Justinien **542** Epidémie de peste Apparition du système fiscal villageois	**529** Première promulgation du code Justinien, fermeture de l'université d'Athènes. **533** Première promulgation des Digestes **537** Inauguration de Sainte-Sophie **553** Second Concile de Constantinople
VIIe	**VIIe**	**VIIe**
610 Avènement d'Héraclius **614** Prise de Jérusalem par les Perses **626** Siège de Constantinople par les Avars **629** Victoire d'Héraclius sur les Perses **636** Défaite des armées byzantines sur l'Yarmouk **642** Chute d'Alexandrie **672** Apparition du feu grégeois **674-678** Siège de Constantinople par les Arabes	**667** Première mention du thème des Arméniaques **669** Première mention du thème des Anatoliques **692** Première mention du logothète du génikon	**638** Ekthèsis d'Héraclius **680-681** Troisième concile de Constantinople
VIIIe	**VIIIe**	**VIIIe**
717 Second siège de Constantinople par les Arabes Avènement de Léon III **740** Bataille d'Akroïnon **751** Chute de l'exarchat de Ravenne **763** Anchialos	**745-748** Epidémie de peste **750** Apparition des premières surtaxes **760** Première mention du logothète du drôme **767** première mention du domestique des scholes (sous Nicéphore) réajustement des impôts («Vexations» de Nicéphore)	**726** Déposition de l'image du Christ de la Chalcé **754** Concile iconoclaste de Hiéréia **765** Mise à mort de Saint Etienne le Jeune **787** Deuxième concile de Nicée
IXe	**IXe**	**IXe**
805 Reconquête du Péloponnèse **813** Siège de Constantinople par les Bulgares de Krum **827** Prise de la Crète par les Arabes **838** Prise d'Amor par les Arabes **860** Apparition des Russes sous les murailles de Constantinople **867** Avènement de la dynastie macédonienne **872** Destruction de la citadelle paulicienne de Téphrik	**820** Apparition de la maison impériale des Manganes **883** Plus ancien document de l'Athonite **896** Défaite byzantine devant les Bulgares à Bulgarophygon	**815** Rétablissement de l'iconoclasme **826** Mort de Théodore Stoudite **835** Manuscrit des Evangiles en minuscules **11 mars 843** Rétablissement de l'orthodoxie **858** Début du patriarcat de Phôtius **863** Création de l'université de la Magnaure; Cyrille et Méthode en Moravie **864** Conversion des Bulgares. **867** Schisme de «Phôtius» **880** Construction de la Néa

CHRONOLOGIE

VIE POLITIQUE RELATIONS EXTÉRIEURES	VIE ADMINISTRATIVE ÉCONOMIQUE ET SOCIALE	VIE CULTURELLE ET RELIGIEUSE
Xe	**Xe**	**Xe**
904 Sac de Thessalonique par Léon de Tripoli **911** Premier traité avec les Russes **927** Mort de Syméon de Bulgarie **934** Prise de Mélitène par Jean Kourkouas **944** Second traité avec les Russes **961** Reconquête de la Crète **969** Prise d'Antioche **970** Siège d'Andrinople par Svjatoslav	**902** Chute de la dernière place byzantine en Sicile **927-928** hiver très rigoureux **934** Novelle de Romain Lécapène protégeant les petits propriétaires **947** Novelle de Constantin Porphyrogénète sur les stratiôtes **963** Novelle de Nicéphore Phocas sur les biens monastiques **963-969** Apparition du nomisma tétartèron **969** Première mention du duc d'Antioche **970** Première mention du Katépanô d'Italie **996** Dernière novelle «sociale»; premier chrysobulle en faveur de Venise Rédaction du «Livre de l'Eparque».	**934-944** Rédaction du «Livre des Thèmes» **944** Translation à Constantinople de l'image du Christ d'Edesse. **961** Fondation du Monastère de Lavra **989** Conversion des Russes
XIe	**XIe**	**XIe**
1012 Arrivée des Normands en Italie du Sud **1014** Les Bulgares sont écrasés aux défilés du Clidion **1018** Annexion de la Bulgarie **1032** Prise d'Edesse **1050** Annexion de l'Arménie **1071** Prise de Bari par les Normands, Mantzikiert **1081** Installation de la dynastie des Comnènes **1090-1091** Attaques des Petchenègues **1095** Première croisade	**1043-1068** Dévaluation rampante du nomisma **1068-1081** Dévaluation catastrophique du nomisma **1082** Traité avec Venise	**1028** Apparition du cénacle entourant Mavropous **1047** Création de l'Ecole du nomophylax **1052** Premier document byzantin connu sur papier **1054** «Schisme» **1078** Mort de Psellos **1082** Condamnation de Jean Italos
XIIe	**XIIe**	
1137 Jean II Comnène reprend Antioche **1176** Défaite face aux Turcs à Myrioképhalon **1185** Prise de Thessalonique par les Normands	**1171** Traité avec Pise	
XIIIe	**XIIIe**	**XIIIe**
1204 Prise de Constantinople par les croisés **1261** Michel VIII Paléologue reprend Constantinople	**1261** Traité de Nymphée avec les Génois.	**1274** Concile de Lyon
XIVe		**XIVe**
1331 Prise de Nicée par les Turcs **1354** Prise de Gallipoli par les Turcs		**1341** Troubles zélotes à Thessalonique
XVe		**XVe**
1430 Prise de Thessalonique par les Turcs **1453 (29 mai)** : Prise de Constantinople par Mehmet II **1460** Prise de Mistra par les Turcs **1461** Prise de Trébizonde par les Turcs **1473** Mariage d'Ivan III et Zoè Paléologue		**1438-1439** Concile de Ferrare-Florence

LISTE DES EMPEREURS BYZANTINS

324-337	Constantin Ier
337-361	Constance II
361-363	Julien l'Apostat
363-364	Jovien
364-378	Valens
379-395	Théodose Ier
395-408	Arcadius
408-450	Théodose II
450-457	Marcien
457-474	Léon Ier
474	Léon II
474-475	Zénon
475-476	Basiliscus
476-491	Zénon (*bis*)
491-518	Anastase
518-527	Justin Ier
527-565	Justinien Ier
565-578	Justin II
578-582	Tibère II
582-602	Maurice
602-610	Phocas
610-641	Héraclius
641	Constantin III et Héraclonas
641	Héraclonas
641-668	Constant II
668-685	Constantin IV
685-695	Justinien II
695-698	Léonce
698-705	Tibère III Apsimar
705-711	Justinien II (*bis*)
711-713	Philippikos Bardanès
713-715	Anastase II
715-717	Théodose III
717-741	Léon III l'Isaurien
741-775	Constantin V Copronyme
775-780	Léon IV
780-797	Constantin VI
797-802	Irène
802-811	Staurakios
811-813	Michel Ier Rhangabé
813-820	Léon V l'Arménien
820-829	Michel II
829-842	Théophile
842-867	Michel III
867-886	Basile Ier
886-912	Léon VI
912-913	Alexandre
913-959	Constantin VII Porphyrogénète
920-944	Romain Ier Lécapène
959-963	Romain II
963-969	Nicéphore II Phocas
969-976	Jean Ier Tzimiscès
976-1025	Basile II
1025-1028	Constantin VIII
1028-1034	Romain III Argyre
1034-1041	Michel IV le Paphlagonien
1041-1042	Michel V le Calfat
1042	Zoé et Théodora
1042-1055	Constantin IX Monomaque
1055-1056	Théodora (*bis*)
1056-1057	Michel VI Stratiotikos
1057-1059	Isaac Ier Comnène
1059-1067	Constantin X Doukas
1068-1071	Romain IV Diogène
1071-1078	Michel VII Doukas
1078-1081	Nicéphore III Botaniate
1081-1118	Alexis Ier Comnène
1118-1143	Jean II Comnène
1143-1180	Manuel Ier Comnène
1180-1183	Alexis II Comnène
1183-1185	Andronic Ier Comnène
1185-1195	Isaac II Ange
1195-1203	Alexis III Ange
1203-1204	Isaac II (*bis*) et Alexis IV Ange
1204	Alexis V Murzuphle
1204	Constantin IX Laskaris
1204-1222	Théodore Ier Laskaris
1222-1254	Jean III Doukas Vatatzès
1254-1258	Théodore II Laskaris
1258-1261	Jean IV Laskaris
1259-1282	Michel VIII Paléologue
1282-1328	Andronic II Paléologue
1328-1341	Andronic III Paléologue
1341-1391	Jean V Paléologue
1347-1354	Jean VI Cantacuzène
1376-1379	Andronic IV Paléologue
1390	Jean VII Paléologue
1391-1425	Manuel II Paléologue
1425-1448	Jean VIII Paléologue
1449-1453	Constantin XII Paléologue dit Dragasès, *dernier empereur de Byzance*

TÉMOIGNAGES ET DOCUMENTS 167

BIBLIOGRAPHIE

Hélène Ahrweiler, *L'Idéologie politique de l'empire byzantin*, PUF, Paris, 1975.
E. Coche de la Ferté, *L'Art de Byzance*, Mazenod, Paris, 1981.
G. Dragon, *Naissance d'une capitale, Constantinople et ses institutions de 330 à 451*, PUF, Paris, 1974.
Alain Ducellier, *Les Byzantins, histoire et culture*, Points Histoire, Le Seuil, Paris, 1988.
Alain Ducellier, Michel Kaplan, B. Martin, *Le Proche-Orient médiéval*, coll. Hachette Université, nouvelle éd., Paris, 1991.
Alain Ducellier, *Byzance et le monde orthodoxe*, Armand Colin, Paris, 1986.
Alain Ducellier, *L'Eglise byzantine, entre pouvoir et esprit (313-1204)*, Bibliothèque d'Histoire du Christianisme, n°21, Desclée, Paris, 1990.
André Grabar, *l'Age d'or de Justinien, de la mort de Théodose à l'Islam*, Univers des Formes, Gallimard, Paris, 1966.
Michel Kaplan, *Les Hommes et la terre à Byzance : propriété et exploitation du sol*, Publications de la Sorbonne, Paris, 1991.
P. Lemerle, *Le Premier Humanisme byzantin*, PUF, Paris, 1971.
Paul Morand, *La Fin de Byzance*, in *Le lion écartelé*, Gallimard, Paris, 1959.
Zoé Oldenbourg, *Les Croisades*, Gallimard, Paris, 1965.

GLOSSAIRE

Acheiropoèite qualifie une icône qui n'a pas été peinte de la main de l'homme, mais, dit-on, de celle du Christ, de la Vierge ou du saint représenté.
Arianisme hérésie formulée par le prêtre alexandrin Arius, selon laquelle le Fils n'est qu'une divinité secondaire par rapport au Père qui l'a créé et qui, seul, est éternel, infini, tout-puissant.
Akritas homme de guerre plus ou moins indépendant pratiquant la guérilla contre les ghazis arabes (ses équivalents) à la frontière du Taurus.
Asèkrétis haut fonctionnaire des sékrétas.
Avars peuple d'origine turque qui apparaît dans les Balkans à la fin du VIe siècle et qui, utilisant les tribus slaves comme masse de manœuvre, menace Constantinople avant de se diriger vers l'Occident.
Basileus titre grec qui remplace celui, romain, d'Imperator au VIIe siècle pour désigner l'empereur byzantin.
Basiliques recueil de droit promulgué en 893, qui remplace le Code Justinien et les Digestes.
Cathisma loge communiquant avec le Grand Palais, dans laquelle l'empereur, entouré du Sénat, paraît à l'Hippodrome.
Cénobitisme se dit du monachisme qui pratique la vie en commun dans un monastère.
Chalcédoniens chrétiens fidèles au concile de Chalcédoine (451), qui condamna les monophysites. Catholiques, protestants et orthodoxes sont chalcédoniens.
Chalcopratéia quartier des chaudronniers de Constantinople, situé à l'ouest de Sainte-Sophie.
Chalcè bâtiment monumental, fermé par une lourde porte de bronze, par laquelle le palais impérial ouvre sur la ville.
Code compilation des lois en vigueur, classées par thème et par ordre chronologique. Le Code Justinien est promulgué en 529.
Démarque chef de l'un des dèmes.
Dème club de supporters lors des courses à l'Hippodrome, regroupant plusieurs dizaines de milliers de personnes; au nombre de deux, les Bleus et les Verts.
Démote membre des milices recruté dans les dèmes pour assurer la police et la garde des murailles.
Digestes recueil de jurisprudence, classé par thèmes, établi à l'époque de Justinien.
Drôme sékréton

chargé de la transmission des ordres impériaux et de la politique étrangère.
Éparque préfet de la ville de Constantinople.
Érémitisme (de érémos : désert) mode de vie du saint homme qui vit seul et totalement retiré du monde.
Ergastèrion atelier et boutique d'artisan.
Génikon sékréton chargé de l'impôt.
Gyrovague se dit d'un moine qui a quitté son monastère pour l'errance.
Hagiographie genre littéraire regroupant les vies de saint.
Higoumène supérieur, en principe élu, d'un monastère byzantin.
Icône représentation figurée du Christ, de la Vierge ou d'un saint sur panneau mobile.
Iconoclasme hérésie née en Asie Mineure et développée par l'empereur Léon III l'Isaurien à partir de 726. Les iconoclastes refusent de représenter le Christ, à la fois Dieu et homme, pour ne pas commettre l'impiété de représenter la divinité. De là, l'interdiction frappe les images, ou icônes, de la Vierge et des saints.
Kontakion cantique sous forme d'hymne rythmée et parfois rimé, en relation avec la fête ou le texte évangélique du jour.
Logothète Littéralement « donneur d'ordres »;

titre donné aux chefs des plus importants bureaux de Constantinople, comme le drôme ou le génikon.
Métoque annexe d'un monastère, créé soit par essaimage, soit par prise de contrôle d'un monastère auparavant indépendant.
Monophysisme hérésie prêchée en opposition au nestorianisme par le moine constantinopolitain Euytychès, puis vigoureusement appuyée par l'église d'Alexandrie, et condamnée par le concile de Chalcédoine (451). Pour les monophysites, une fois le Verbe incarné par le Christ, il ne reste plus qu'une seule nature (en grec, physis). L'humanité se fond dans la divinité, au profit de celle-ci. Au VIe siècle, l'évêque Jacques Bardanès réorganisa l'église monophysite aux confins orientaux de la Syrie, d'où le nom de jacobite souvent donné aux monophysites.
Nestorianisme hérésie prêchée par le patriarche de Constantinople Nestorius. Pour les nestoriens, la nature humaine s'unit à la nature divine, éternelle, à la naissance de Christ. La Vierge se voit ainsi refuser l'appellation de «mère de Dieu». Cette hérésie, surtout

répandue en Syrie, fut condamnée au concile d'Èphèse de 431.
Oikoumène ensemble du monde connu, sur lequel l'Empire byzantin revendique la souveraineté.
Prôtos chef de la communauté athonite, élu par les higoumènes des monastères.
Schédographie exercice rhétorique qui consiste à faire entrer dans un minimum de mots un maximum de difficultés et raretés en matière de grammaire et de vocabulaire.
Sédition Nika révolte du peuple de Constantinople qui, au cri de «Nika» (victoire), faillit renverser Justinien en 532.
Sékréton bureau de l'administration constantinopolitaine.
Sénat à Rome, haute assemblée délibérante, à Constantinople, elle se réunit de moins en moins souvent, et le Sénat désigne un ordre, regroupant la partie la plus élevée de l'aristocratie, titulaire des dignités les plus importantes.
Stratéia obligation militaire du stratiote; plus largement, toute sorte de service public, même civil.
Stratège gouverneur d'un thème, cumulant les pouvoirs civils et militaires.
Stratiote soldat du thème, qui s'arme et s'entretient à ses frais.
Stratiôtikon sékréton chargé de la gestion de l'armée.

Synode assemblée d'évêques, moins solennelle que le concile.
Tagmata contingents de l'armée centrale et permanente, formés de mercenaires.
Taktikon (pl. **taktika**) traité décrivant la disposition, l'ordre dans lequel sont rangés non seulement les soldats, mais tous les postes de l'administration civile.
Thème contingent militaire recruté et stationné en province, formé de stratiotes, commandé par un stratège; par extension, province où se recrute le contingent.
Théotokos (littéralement Mère de Dieu) autre façon de désigner la Vierge.
Typikon charte de fondation d'un monastère comportant l'énoncé de la règle de vie.
Veille police de Constantinople.
Zeugarion unité d'exploitation rurale correspondant à ce que peut travailler un attelage d'une paire de bœufs.

TABLE DES ILLUSTRATIONS

COUVERTURE

1er plat Plan de Constantinople, manuscrit latin 4802 du XVe s., Bibl. nat., Paris.
Dos Évangéliste, détail de la scène, Codex, duomo rossano.
4e plat Scène de chasse, manuscrit grec 2737, Bibl. nat., Paris.

OUVERTURE

1 Siège de Thessalonique, manuscrit grec de la *Chronique de Skylitzès*, XIIIe s., Bibl. nat., Madrid.
2 Persécutions des iconoclastes, manuscrit grec de la *Chronique de Skylitzès, op. cit.*
3 Mariage de Théophobos avec une sœur de l'empereur, manuscrit grec de la *Chronique de Skylitzès, op. cit.*
4 Prouesses d'un cavalier arabe à l'Hippodrome, manuscrit de la *Chronique de Skylitzès, op. cit.*
5 Cavaliers à l'Hippodrome manuscrit grec de la *Chronique de Skylitzès, op. cit.*
6 Combats devant les murs d'Europos entre Byzantins et Arabes, manuscrit grec de la *Chronique de Skylitzès, op. cit.*
7 Le palais impérial en coupe, à l'étage l'empereur Alexandre et le patriarche Euthyme, manuscrit grec de la *Chronique de Skylitzès, op. cit.*
8 Reliques de la vraie Croix, manuscrit grec de la *Chronique de Skylitzès, op. cit.*
9 La foule lance des pierres sur Nicéphore Phocas, manuscrit grec de la *Chronique de Skylitzès, op. cit.*
11 Nathan et David, manuscrit grec 139, Bibl. nat., Paris.

CHAPITRE I

12 Mahomet II devant Constantinople en 1453. in Guillaume Adam *Avis pour le passage d'outremer*, manuscrit français 9087, Bibl. nat., Paris.
13 Buste de Constantin le Grand, camée antique, Bibl. nat., Paris.
14-15 La ville de Constantinople à la fin du XVe siècle, gravure tirée de la *Chronique latine* de Schedel.
14b Tête de bronze de Constantin le Grand, IVe s., Musée national, Belgrade.
15 Diptyque consulaire de Hollande, le consul Magnus entre Rome et Constantinople, Bibl. nat., Paris.
16 Buste de Justinien, mosaïque, Saint Apollinaire le Neuf, Ravenne.
17 Justinien remettant son code à ses conseillers, Chambre de Raphaël, Vatican, Rome.
18 Scène de bataille, manuscrit grec de la *Chronique de Skylitzès*, XIIIe s., Bibl. nat., Madrid.
19h Hélène et Constantin découvrant la vraie Croix, manuscrit grec 510, Grégoire de Naziance, 880-886, Bibl. nat., Paris.
19g Reliquaire de la vraie Croix, trésor de la cathédrale de Limbourg.
19d Héraclius, monnaie byzantine, Bibl. nat., Paris.
20h Le feu grégeois, manuscrit grec de la *Chronique de Skylitzès, op. cit.*
20b Léon III l'Isaurien, monnaie byzantine, Bibl. nat., Paris.
21h La prise d'Antioche, manuscrit du XVe siècle in *Le Miroir historial* de Vincent de Beauvais, Musée Condé.
21g Nicéphore II, miniature.
21d La ville de Jérusalem, détail de mosaïque de San Vitale, Ravenne.
22-23 Carte de l'Empire byzantin.
24 Scène de bataille contre les Bulgares, manuscrit grec de la *Chronique de Skylitzès, op. cit.*
24b Portrait de Basile II, miniature, Bibliothèque marcienne, Venise.
25 Audience d'une ambassade vénitienne au Caire, tableau de l'École de Bellini, Paris.
26h Venise, gravure tirée de l'*Extrait des voyages* de Breydenbach, 1486, Bibl. nat., Paris.
26b Alexis Ier Comnène, miniature, Bibliothèque vaticane, Rome.
27 Chrysobulle, début du XIVe siècle, Musée byzantin, Athènes.
27b La conquête de Constantinople par les croisés en 1204, manuscrit de Geoffroy de Villehardouin, Bibl. nat., Paris.
28 Mahomet II fait le siège de Rhodes, manuscrit latin 6067 du XVe siècle, Bibl. nat., Paris.
29h Michel VIII Paléologue, monnaie byzantine, Bibl. nat., Paris.
29b Double portrait de Jean VI Cantacuzène en empereur et en moine, manuscrit grec 1242, Bibl. nat., Paris.

CHAPITRE II

30 Couronnement de David, manuscrit grec 139, Bibl. nat., Paris.
31 Justinien II, gravure pour Racinet *Empereurs d'Orient*, Bibliothèque des Arts Décoratifs, Paris.
32h Léon VI recevant l'investiture de la sagesse divine, mosaïque, détail du tympan de la porte d'entrée de l'église Sainte-Sophie de

Constantinople.
32b Un complot, manuscrit grec de la *Chronique de Skylitzès, op. cit.*
33h La proskynèse, reconstitution pour le palais du costume, Exposition Universelle de Paris en 1900, collection particulière.
33b Empereur en costume d'apparât, marbre du XIIe siècle, Dumbarton Oaks, Washington, D.C.
34 Saint Jean Chrysostome exilé par l'impératrice Eudoxie, tableau de Benjamin Constant, Roy Miles fine paintings, Londres.
35 Les Noces de Canaa, fresque du XIVe siècle de Saint Nicolas, Thessalonique, Grèce.
36-37 Justinien et sa cour, mosaïque de San Vitale, Ravenne.
38-39 Théodora et ses suivantes, mosaïque de San Vitale, Ravenne.
40h Dignitaires, gravure du XIXe siècle.
40b Proclamation de l'empereur Théophile, manuscrit grec de la *Chronique de Skylitzès, op. cit.*
41 Le roi et son frère, manuscrit grec 1128, Barlaam et Joasaph, XIVe siècle, Bibl. nat., Paris.
42h La défense de Constantinople, manuscrit grec de la *Chronique de Skylitzès, op. cit.*
42b Combat de cavalerie entre les Byzantins et les Arabes, manuscrit grec de la *Chronique de Skylitzès, op. cit.*

43h Guerrier, mosaïque de l'église Saint Marc, Venise.
43m Bataille navale, Cynégétique de Pseudo-Oppien, XIe siècle, Bibliothèque marcienne, Venise.
43b Navire, manuscrit grec 2874 de Michel Psellos, XIIIe siècle, Bibl. nat., Paris.
44 Construction d'un pont, traité de Héron de Byzance *De Machinis Bellicis*, IXe siècle, manuscrit grec 1605, Bibliothèque Vaticane, Rome.
45h Construction de machine de guerre, traité de Héron de Byzance, *op. cit.*
45b Echafaudage, traité de Héron de Byzance, *op. cit.*
46 La défense vénitienne, manuscrit français 5594, Bibl. nat., Paris.
47h Un ambassadeur du roi bulgare Siméon et le roi arabe Phatlum, manuscrit grec de la *Chronique de Skylitzès, op. cit.*
47b Jean Paléologue, voyage des rois mages, fresque de Gozzoli, chapelle Médicis, Florence.
48-49 Procession sur la place Saint Marc, tableau de Gentile Bellini, Académie de Venise.
50m Le sacre de Charlemagne, in David Aubert *Chronique des empereurs Brabant* 1482, Bibliothèque de l'Arsenal, Paris.
50b Charlemagne et Constantin en prières devant les saintes

reliques portées par deux évêques, miniature tirée des *Grandes chroniques de France*, 1375.
51h Le pape Grégoire le Grand et ses diacres, manuscrit cassinese de 1022, archives de l'abbaye de Monte Cassino.
51b Le pape Innocent III, XIIIe siècle.
52 Saint Cyrille tenant l'alphabet et Saint Méthode, icône bulgare de 1862, Musée de Ploudiv.
53 L'église Saint Nicolas de Souzdal, Kiev.

CHAPITRE III

54 Constantinople, manuscrit latin 4802, Bibl. nat., Paris.
55 Personnification de Constantinople, monnaie byzantine, Chateau Sforza, Milan.
56h Vue de Constantinople, in *Description de la campagne de Suleyman dans les deux Irak*, Bibliothèque de l'Université, Istanbul.
56b Entrée dans Constantinople de l'empereur Maniakès, manuscrit grec de la *Chronique de Skylitzès, op. cit.*
57 Débarquement à Constantinople, in Marco Polo, *Livre des Merveilles*, manuscrit du XVe siècle, Bibl. nat., Paris.
58-59 Vue de Galata, in *Description de la campagne de Suleyman... op. cit.*

60h Tremblement de terre, manuscrit grec 211, Bibl. nat., Athènes.
60b Entrée de Nicéphore Phocas dans Constantinople par la Porte d'Or, manuscrit grec de la *Chronique de Skylitzès, op. cit.*
61 Course de quadriges à l'Hippodrome, diptyque d'ivoire de Lampeidi, Musée civique chrétien, Brescia.
62h L'Hippodrome, lithographie de Fossati, in *Aya Sofia*, Constantinople, 1852, Londres.
62b L'Empereur à l'Hippodrome, base de l'obélisque de Théodose, Istanbul.
63h Justinien donnant des ordres pour la construction de l'église de Sainte-Sophie à Constantinople, manuscrit de la *Chronique de Sainte-Sophie*, Bibliothèque vaticane, Rome.
63b Coupe de Sainte-Sophie, reconstitution par Prost, Académie d'Architecture, Paris.
64 Intérieur de Sainte-Sophie, reconstitution par Prost, *op.cit.*
65h Chapiteau de colonne à Sainte-Sophie, reconstitution par Prost, *op.cit.*
65m Empereurs dédiant Sainte-Sophie à la Vierge, mosaïque de Sainte-Sophie, Istanbul.
66m Immeubles dans Constantinople, manuscrit grec 1208, Bibl. nat., Paris.

TABLE DES ILLUSTRATIONS 171

66b Aqueduc de Constantinople, manuscrit turc du XVIIe siècle *Mémoires turques*, Bibliothèque du Musée Correr, Venise.
67h Citerne d'Istanbul.
67m Coupe de Chalcédoine, Musée des Argentiers, Florence; coffret byzantin, trésor de la cathédrale de Monréale; boucle d'oreille en or, Musée archéologique, Naples.
68-69b Vue de Constantinople, lithographie de Fossati, *op. cit.*

CHAPITRE IV

70 Aigle, tissu byzantin, Musée diocésain, Bressanone.
71 Groupe humain, manuscrit grec 134, *Commentaires sur Job*, Bibl. nat., Paris.
72h Scène de vie urbaine à Constantinople, mosaïque de Daphné-Yako, Ve siècle, Department of Art & Archeology, Princeton University.
72b Marque pour le pain, XIIe siècle, collection privée, Athènes.
73m Vase avec une colombe, détail de mosaïque, église de San Vitale, Ravenne.
73b Le marchand de tissu, coffret d'ivoire du IVe siècle, Musée civique, Brescia.
74m Ceinture d'or faite de nomisma, VIIe siècle, en provenance de Syrie, collection de Clercq, Paris.
74b Femme filant la soie, manuscrit grec 134, *Commentaires sur Job*, Bibl. nat., Paris.
75h Tissu de soie byzantine, Xe siècle, Musée de Cluny, Paris.
75b Marchands d'étoffes, miniature in *Le livre des statuts de la corporation des drapiers français*, XIVe siècle, Musée civique, Bologne.
76-77h Bande à personnages, tissu copte, Egypte, Musée de Cluny, Paris.
77h Deux canards en médaillon, tissu copte, Egypte, VI-VIIe siècles, Musée de Cluny, Paris.
77b Caille, tissu copte, Egypte, Musée de Cluny, Paris.
78h Quartier vénitien de Constantinople, in Marco Polo *Livre des merveilles*, *op.cit.*
78b Marchand grec de Constantinople, aquarelle allemande de la fin du XVIe siècle.
79 La Bonté assiste à l'onction de David, manuscrit grec 139, Bibl. nat., Paris.
80h Femmes aristocrates, manuscrit laurentien Plut. 7316, Bibliothèque laurentienne, Florence.
80b Palais de Théodore, mosaïque de Saint Apollinaire le Neuf, Ravenne.
81h Des brigands attaquant une charrue de Job tandis que Jésus contemple la scène, manuscrit grec 134, *Commentaires sur Job*, Bibl. nat., Paris.
81b Pauvres et infirmes, manuscrit grec 134, *op.cit.*

CHAPITRE V

82 Joseph et ses frères, chaire de Maximien, Musée de l'Archevêché, Ravenne.
83 Paysan, mosaïque du palais des empereurs, V-VIe siècles, Istanbul.
84h Paysage d'hiver, manuscrit du XIIIe siècle, Livre de Job, Jérusalem.
84b Tempête de neige, manuscrit grec 510, Grégoire de Naziance, Bibl. nat., Paris.
85h et b Travaux paysans, Cynégétique d'Oppien, Bibliothèque marcienne, Venise.
86h Les Noces de Canaa, détail, mosaïque de Caryie Djami, Istanbul.
86m Puits de village, psautier Barberini, XIIe siècle, Bibliothèque vaticane, Rome.
86b et 87h Scènes champêtres, manuscrit grec 533, *Homélies* de saint Grégoire de Naziance, Bibl. nat., Paris.
87b Berger, mosaïque du palais des empereurs, V-VIe siècles, Istanbul.
88 Village typiquement byzantin, dessin de Patrick Mérienne.
89h Palais aristocrate, miniature du XIe siècle, Bibliothèque vaticane, Rome.
89b Un festin, miniature de 1368 en provenance de Constantinople, collection particulière.
90 David encadré de la sagesse et la prophétie, manuscrit grec 139, Bibl. nat., Paris.
91h Recensement pour les impôts, mosaïque de Caryie Djami, Istanbul.
91b Discours adressé au répartiteur d'impôts avec Julien, manuscrit grec 550, Bibl. nat., Paris.
92 Saint Basile dans un monastère, manuscrit grec 510, *Homélies* de Grégoire de Naziance, Bibl. nat., Paris.
93h Vue intérieure du monastère Anba-Bichay, in *Description de l'Egypte* publiée sous les ordres de Napoléon Bonaparte (Institut d'Orient), gravure du XIXe siècle.
93b Moine sur son âne, manuscrit grec 1613, Bibliothèque vaticane, Rome.

CHAPITRE VI

94 Alexis Apocaucos, manuscrit grec 2144, *Œuvres* d'Hippocrate, XIVe siècle, Bibl. nat., Paris.
95 Les enfants musiciens, manuscrit grec 134, *Commentaires sur Job*, Bibl. nat., Paris.
96 Professeur et étudiants, manuscrit laurentien Plut. 7316, Bibliothèque laurentienne, Florence.
97 Professeur et école, manuscrit grec 196,

Bibl. nat., Paris.
98 Jean Argyropoulos enseignant au Mouseion de Constantinople, Bibliothèque bodléienne, Oxford.
99h Evangéliaire, manuscrit laurentien Plut. 156, Bibliothèque laurentienne, Florence.
99b Un cours de philosophie, manuscrit grec de la *Chronique de Skylitzès, op. cit.*
100 Evangéliaire, manuscrit grec Coislin 21, Bibl. nat., Paris.
101h Le Christ devant Pilate, code pourpre, Dome Rossano.
101bg Sermont de Saint Jean Chrysostome, Xe siècle; 101bd manuscrit grec, Bibl. nat., Paris.
102h Les Évangiles dans une bibliothèque, détail de mosaïque du mausolée de Galla Placida, Ravenne.
102b Une bibliothèque, manuscrit français 782, Bibl. nat., Paris.
103 Saint Grégoire de Nysse et Jean Chrysostome, manuscrit grec 1208, *Homélies* de Jacques de Kokkinobaphos, XIIe siècle, Bibl. nat., Paris.
104 Le prophète Esdra, manuscrit laurentien Amiatinus, Bibliothèque laurentienne, Florence.
105h Les Apôtres, codex pourpre, Dome Rossano.
105b Livre liturgique byzantin, IXe siècle, Bibliothèque marcienne, Venise.
106 Apparition de la Vierge avec Romain le Mélode, icône Pokrov, église de Blachernes.
107 Danseurs et musiciens, manuscrit grec 752 *Version des Septantes*, XIe siècle, Bibliothèque vaticane, Rome.
108h Anne Comnène, gravure du XIXe siècle, collection particulière.
108b Saint Mathieu et l'ange, mosaïque de San Vitale, Ravenne.
109 Le jugement dernier, icône russe du XVIIe siècle, Musée du Louvre, Paris.

CHAPITRE VII

110 Concile de Constantinople présidé par Jean VI Cantacuzène, manuscrit grec 1242, Bibl. nat., Paris.
111 Croix byzantines, Musée Benaki, Athènes.
112-113h Le triomphe du christianisme, fresque de la Chambre de Raphaël, Vatican, Rome.
113b La dormition de la Vierge, icône de l'École de Théophane le Grec, Galerie Tretiakov, Moscou.
114h Saint Démétrios et un évêque, VIIe siècle, chœur de l'église Saint Démétrios, Salonique.
114b Saint Grégoire le Grand, tableau d'Antonello de Messine, XVe siècle, Musée national, Messine.
115 Le pape Léon IX excommunie Michel, patriarche de Constantinople, manuscrit grec dit *Oracolo di Leone il saggio*, XVe siècle, Bibl. nat., Palerme.
116h Les Ariens dans un navire, manuscrit grec 510, Bibl. nat., Paris.
116b Le Nestorianisme, peinture provenant d'un évangéliaire, manuscrit syriaque 344, Bibl. nat., Paris.
117 Scènes religieuses, manuscrit grec 510, Bibl. nat., Paris.
118h Reliquaire, trésor de Saint Marc, Venise.
118b Reliquaire de la main de Saint Jean Baptiste, Musée de Topkapi, Istanbul.
119h Le peintre d'icône, manuscrit grec de la *Chronique de Skylitzès, op. cit.*
119b Vierge de Vladimir, galerie Tretiakov, Moscou.
120h Saint Anathase, fresque de l'église du Mont Athos.
120b Saint Illarion, mosaïque de Saint Marc, Venise.
121 Ermites, manuscrit grec 1208, Bibl. nat., Paris.
122hg Saint Jean Chrysostome, icône russe, Musée de l'Ermitage, Leningrad.
122hd Reliquaire de Saint Siméon Stylite, Musée du Louvre, Paris.
122b Iconoclastes et iconodoules, manuscrit grec, British Library, Londres.
123h Saint dans une église iconoclaste à Goreme, Turquie.
123m Détail d'une église troglodyte à Goreme, Turquie.
124h Fresque de l'église de Lavra, Mont Athos.
125h Couvent d'Esphigmenou, dessin de Karl Girardet, in *Le Tour du monde*, 2e semestre 1860.
124-125b Le conseil des Epistates au Mont Athos, dessin de Boulanger, *Le Tour du monde*, 2e semestre 1860.
126b Mehemet II, miniature ottomane du XVe siècle, Bibliothèque de Topkapi, Istanbul.
127 L'Entrée des Turcs à Constantinople, tableau de Benjamin Constant, Musée des Augustins, Toulouse.
128 Eglise des saints Apôtres, miniature du XIIe siècle, Bibliothèque vaticane, Rome.

TÉMOIGNAGES ET DOCUMENTS

129 Arrivée de la flotte des croisés devant Constantinople en 1204, gravure du XIXe siècle.
130 Plan de Constantinople au XIVe siècle, gravure, Bibl. nat., Paris.
132-133 «Un emaum ou prestre d'une mosquée royale», gravure de Duflos (1700-1786), Turquie.
134 Empereur byzantin, gravure pour Racinet *Empereurs d'Orient*, Bibliothèque

des Arts Décoratifs, Paris.
135 Scène de mariage impérial, manuscrit grec de la *Chronique de Skylitzès, op. cit.*
136 Entrée des croisés à Constantinople en 1204, gravure de Gustave Doré, Bibl. nat., Paris.
137 Étonnement des croisés à la vue du luxe de l'Orient, gravure de Gustave Doré, Bibl. nat., Paris.
138-139 Embarquement des chevaliers du Saint-Esprit pour la croisade, d'après une miniature des statuts de l'ordre du Saint-Esprit de Naples, lithographie de Regamey (1814-1878), Musée du Louvre, Paris.
140 Groupe de croisés, détail du pavement de l'église de Saint Jean l'évangéliste de Ravenne
142-143 Baudouin de Flandre couronné empereur de Constantinople en 1204, gravure.
144-145 Concile au IXe siècle en commémoration du second concile de Nicée, miniature du Xe siècle.
146 Détail d'une église troglodyte de Goreme, Turquie.
147 La prière d'Isaïe, psautier du début du Xe siècle, manuscrit grec 139, Bibl. nat., Paris.
148 Marchand juif, gravure de Grevembroch, XVIIIe siècle, Musée Correr, Venise.

149 Navire, manuscrit grec de la *Chronique de Skylitzès, op. cit.*
150 La parabole du semeur, manuscrit grec de Lavra.
153 Attelage de bœufs, commentaires sur Job, manuscrit grec 134, XIIe siècle, Bibl. nat., Paris.
154 Portrait de Michel Psellos, manuscrit supplément grec 1188, Bibl. nat., Paris.
155 Intellectuels prêchant, manuscrit grec de la *Chronique de Skylitzès, op. cit.*
156-157 «On supplie le patriarche Phôtius d'intervenir», manuscrit grec de la *Chronique de Skylitzès, op. cit.*
158 Intérieur de Sainte-Sophie à Constantinople, gravure de 1876.
159 Arabes, détail d'une gravure de Friedrich Schroeder (1768-1839) illustrant l'*Itinéraire de Paris à Jérusalem* de Chateaubriant, Constantinople, Turquie.
162 Léon VI le Sage, Bibliothèque de Bologne.
163 Impératrice, miniature byzantine du XIe siècle, Institut hellénique d'études byzantines, Venise.
167 Grégoire de Naziance distribuant l'aumône, manuscrit grec 550, Bibl. nat., Paris.
174 La mosquée de Sainte-Sophie à Constantinople, gravure de 1685.

TÉMOIGNAGES ET DOCUMENTS 173

INDEX

A-B-C

Alexandrie 56, 122
Alexis Comnène 26, 41, 80, 105, 108, 136, 142
Ani 24
Anne Comnène 108, 136, 142
Antioche 21, 27, 56, 60
Saint Antoine 120
Arcadius 35, 65
Aréthas 103, 104
Jean Argyroupoulos 98
Ariens 116
Athanase 120
Mont Athos 120, 124, 125

Bagdad 25, 26, 68, 102, 126
Balkans 18, 20, 24, 29, 53, 73
Bari 26
Basile Ier 105, 116, 144, 149
Basile II 24, 25
Bélisaire 16, 37, 39, 63
Blachernes 106, 138
Bohémond de Tarente 136, 137, 140
Boris 24, 53
Bulgares 18, 24, 47, 53, 132

Cappadoce 123
Michel Cérulaire 41, 79, 115
Charlemagne 50, 115
Robert de Clari 136, 139
Concile de Nicée 14, 29, 114, 116
Constantin le Grand 13, 14, 35, 50, 61, 65, 69, 111, 114, 151
Constantin V 123
Constantin VI 89
Constantin VII Porphyrogénète 33, 41, 102, 108

Constantin IX Monomaque 102
Constantin XII

D-E-F

Dragasès 13, 158, 159, 160, 161
Croisés 26, 27, 29, 46, 53, 79, 115
Cyrille 53

Danube 15, 18, 24
Saint Démétrios 114
Dynastie macédonienne 20, 21

Edesse 21, 119, 120
Éparque 72, 81
Eudoxia 35

Feu grégeois 19, 43

G-H-I-J-K

Galata 59, 78
Grégoire le Grand 51, 115
Grégoire de Naziance 105, 116

Hélène 19
Héraclius 19, 118
Higoumène 121, 124
Hippodrome 31, 60, 61, 62, 131, 158

Innocent III 51
Iôannikios 146, 147

Jean VI Cantacuzène 29, 108, 111
Jean VIII Paléologue 47
Saint Jean Chrysostome 35
Jérusalem 21, 118
Julien 15
Justinien 16, 17, 18, 37, 43, 63, 65, 75, 81, 104, 111
Kiev 53

L-M-N-O

Lavra 120
Le Caire 25
Léon III l'Isaurien 20, 50, 60, 123
Léon V 146
Léon VI 32, 105, 115
Léon IX 115
Lykos 57

Maniakès 57
Mantzikert 26, 46
Saint Marc 26, 49
Maurice 32
Mehemet II 13, 126
Mélitène 21
Méthode 53
Michel II 40
Michel VIII Paléologue 29, 59
Moscou 53

Nestoriens 116
Nicéphore Ier 18
Nicéphore Phocas 21, 24, 60, 120, 134
Nikon le métanoiète 148

Ottomans 56, 126

P-R-S-T-V-X

Phôtius 41, 140, 156, 157
Philarète 89, 90, 150, 151, 152, 153
Phocas 32
Procope de Césarée 107
Michel Psellos 96, 97, 99, 102, 104, 105, 109, 154, 155
Ravenne 16, 18
Romanos le Mélode 106, 107
Rome 14, 26, 50, 51, 53, 55, 57, 61, 130

Sainte-Sophie 18, 32, 60, 63, 65, 68, 115, 138, 139
Sédition Nika 18, 63

Soliman le Magnifique 56
Jean Skylitzès 107

Taurus 20, 21, 107
Théodora 18, 39, 63
Théodose II 16, 57, 59, 62, 65, 69
Trébizonde 29, 56
Tribonien 16
Jean Tzimikès 21
Venise 25, 26, 29, 46, 49, 57, 59, 78, 79
Saint Vital de Ravenne 37, 39
Vladimir 53
Jean Xiphilin 97, 99, 102

CRÉDITS PHOTOGRAPHIQUES

Académie d'Architecture, Paris 63b, 64, 65h. Artephot 84h. Artephot/ADPC 12. Artephot/Babey 19m, 56h, 58-59. Artephot/Bibl. nat. 102b. Artephot/Charmet 52. Artephot/Ekdotike Athenon 150-151. Artephot/Held 35, 114h. Artephot/Oronoz 42h. Artephot/Percheron 24m, 60m, 86h, 119h, 156-157. Artephot/Trela 60h, 101b. Bibliothèque Apostolique Vaticane, Rome 44-45, 63h, 93b, 107, 155. Bibliothèque Nationale, Madrid 2, 3, 4, 5, 6, 7, 8, 9, 20h. Bibliothèque Nationale, Paris Couverture, 4e plat, 11, 13, 15b, 19h, 19m, 20m, 29h, 29b, 30, 41, 43b, 46, 54, 57, 66m, 71, 74b, 78h, 79, 81h, 81b, 84b, 86b, 87h, 90, 91b, 92, 94, 95, 96, 100, 101b, 103, 110, 116h, 116b, 117, 121, 130, 147, 149, 153, 154, 167. Bodleian Library, Oxford 96. Charmet 31, 78b, 106. Dagli Orti 21h, 21m, 36-37, 38-39, 51h, 65m, 66b, 75b, 83, 87b, 115, 135. Dumbarton Oaks, Washington, D. C. 33b. D.R. 62h, 68-69, 93h, 124-125b, 125h, 133. Edimedia 26h, 26b, 27b, 28, 33h, 39m, 40h, 50b, 108h, 113b, 119b, 134. Explorer Archives 32b, 50m, 67, 74m, 86m, 89h, 89b, 91h, 99b, 120h, 124h, 128, 138-139, 161, 175. Giraudon 21m, 126, 127, 140, 148, 162. Giraudon/ Bridgeman 34. Giraudon/Lauros 25h. Hoa-Qui 53, 122h, 123h, 123b, 146. Patrick Mérienne 22-23, 88. Princeton University 72h. Réunion des Musées Nationaux 75h, 76-77, 109, 122h. Roger-Viollet 14-15h, 47b, 62m, 73b, 108h, 129, 136, 137, 142-143, 144-145, 158, 163. Scala Dos, 14b, 16, 17, 24b, 43h, 48-49, 51b, 55, 61, 67m, 70, 73m, 80h, 80b, 82, 85, 96, 99h, 101h, 102h, 104, 105h, 111, 112-113h, 114h, 118h, 120b. Werner Forman Archive, Londres 1, 18, 27m, 40b, 42b, 43m, 47h, 56b, 72b, 105b, 118b.

REMERCIEMENTS

L'éditeur tient à remercier tout particulièrement le personnel de la Bibliothèque Byzantine de Paris, madame C. Jenise Wiliamson au Dumbarton Oaks, Anne Nercessian à l'Institut d'Art et d'Archéologie, Barbara Heller chez Werner Forman, Brigitte Baumbuch chez Scala et madame de Vaulchier à l'Académie d'architecture de Paris.

COLLABORATEURS EXTÉRIEURS

Conseillère éditoriale : Claude Moatti. Maquettiste (corpus et témoignages et documents) : Catherine Le Troquier. Cartographie : Patrick Mérienne. Correctrice : Simone Sentz-Michel.

Table des matières

I UN EMPIRE DE ONZE SIÈCLES

15 Une nouvelle capitale
17 Le code Justinien
19 L'Empire menacé
21 La dynastie macédonienne
23 Le rayonnement de Byzance
25 Basile II le bulgaroctone
27 La quatrième croisade
29 La chute de Constantinople

II L'EMPEREUR : CONCEPTION ET MOYENS DU POUVOIR

33 Le lieutenant de Dieu sur terre
35 Le cérémonial de la cour
37 Saint Vital de Ravenne
39 L'impératrice Théodora
41 Dignitaires et fonctionnaires
43 L'armée et la flotte
45 Techniques de guerre
47 Les affaires étrangères
49 Saint-Marc de Venise
51 Le pape et le patriarche
53 Cyrille et Méthode

III LA VILLE LUMIÈRE

57 Quatre cent mille habitants
59 Le quartier de Galata
61 L'Hippodrome
63 La basilique de Justinien
65 La lumière des coupoles
67 Les embarras de la ville
69 Une capitale sur le Bosphore

IV UNE VILLE DE CONTRASTES, INDUSTRIEUSE ET COSMOPOLITE

73 Le livre des métiers
75 Le commerce de la soie
77 Les tissus coptes
79 Les Vénitiens de Byzance
81 Riches et miséreux

V LA SOLIDARITÉ DU VILLAGE

85 Les tempêtes de grêle et de neige
87 La paire de bœufs
89 La maison byzantine
91 Propriétaires et locataires
93 Les habits noirs

VI LES DÉPOSITAIRES DE LA CULTURE GRECQUE

97 Le système éducatif
99 La schédographie
101 L'évolution de l'écriture
103 La tradition grecque
105 Les livres d'érudition
107 Poésie et musique
109 Les intellectuels

VII DIEU ET SES SAINTS

113 L'universalisme chrétien
115 Puissance du patriarche
117 Les hérésies
119 Reliques et Icônes
121 Les premiers monastères
123 La querelle des iconoclastes
125 Le mont Athos en Grèce
127 La fin de l'Empire chrétien d'Orient

TÉMOIGNAGES ET DOCUMENTS

130 Description de Constantinople
134 Byzance et l'Occident
136 Les croisés
140 Byzance et le byzantinisme
144 La religion dans l'État
146 L'iconoclasme
148 Les juifs dans l'Empire
150 La vie d'un saint homme
154 Un intellectuel byzantin
156 La culture : une affaire d'État
158 La fin de Byzance
162 Annexes